Lieber Rudolf

Briefe von Kaiser Franz Joseph
und Elisabeth an ihren Sohn

Eingeleitet und kommentiert von
Friedrich Weissensteiner

Ueberreuter

CIP-Titelaufnahme der Deutschen Bibliothek

Lieber Rudolf : Briefe von Kaiser Franz Joseph und Elisabeth an ihren Sohn / Friedrich Weissensteiner (Hrsg.). – Wien : Ueberreuter, 1991
ISBN 3-8000-3374-7
NE: Weissensteiner, Friedrich [Hrsg.]; Franz Joseph <Österreich, Kaiser, I.> ; Elisabeth <Österreich, Kaiserin> ; Rudolf <Österreich-Ungarn, Erzherzog> [Adressat]

Das Faksimile auf Seite 16 zeigt das erste Blatt des Briefes von Franz Joseph an seinen Sohn vom 16. April 1868, das Faksimile auf Seite 130 die erste und letzte Seite des Briefes von Elisabeth vom 4. Oktober 1865 (etwas verkleinert).

Die Bilder des Bildteiles wurden uns freundlicherweise vom Historischen Museum der Stadt Wien (14) und vom Bildarchiv der Österreichischen Nationalbibliothek (12) zur Verfügung gestellt.

AU 153/1
Alle Rechte vorbehalten
Umschlag von Beate Dorfinger
Copyright © 1991 by Verlag Carl Ueberreuter, Wien
Druck und Bindung: Carl Ueberreuter Druckerei Ges.m.b.H., Korneuburg
Printed in Austria

INHALT

7 Einleitung
13 Der Kaiser und sein Sohn
17 Die Briefe Franz Josephs
131 Die Kaiserin und der Kronprinz
135 Die Briefe Elisabeths
175 Personenregister

Einleitung

Die in diesem Buch abgedruckten Briefe Kaiser Franz Josephs und der Kaiserin Elisabeth an ihren Sohn Rudolf werden seit vielen Jahrzehnten im Wiener Haus-, Hof- und Staatsarchiv aufbewahrt (im Karton 18 des Kronprinzen-Selektes befinden sich auch noch die Briefe seiner Großmutter, Erzherzogin Sophie, seiner Schwester Gisela und seiner Aja, Baronin Charlotte Welden). Sie wurden in einschlägigen Publikationen da und dort auszugsweise zitiert und für die Beurteilung bestimmter Sachverhalte und Situationen herangezogen. In toto sind sie der Öffentlichkeit bis heute nicht vorgelegt worden. Das ist deshalb überraschend, weil diese Briefe weit mehr als bloß historischen Informationscharakter haben. Sie sind eine interessante Lektüre. Sie geben durch ihre Unmittelbarkeit einen Einblick in das Leben der kaiserlichen Familie, sie sind ein Gradmesser der Beziehungen zwischen Vater (Mutter) und Sohn. Sie reflektieren die Lebenssituation, die augenblickliche Stimmung, die Gemütslage, die erzieherischen Absichten des jeweiligen Briefeschreibers.
Jede Zeile, die jemand zu Papier bringt, ist über die eigentliche Mitteilung hinaus Ausdruck seiner Persönlichkeit und seiner momentanen persönlichen Situation. Diese Feststellung gilt natürlich auch für die vorliegende Briefsammlung.
Die Briefe des Kaisers und der Kaiserin dokumentieren mit unwiderlegbarer Eindeutigkeit die charakterliche Gegensätzlichkeit der beiden Ehepartner. Franz Joseph war nüchtern, pro-

saisch, pedantisch und pflichtbewußt, Elisabeth romantisch veranlagt, verspielt, von unbefangener Natürlichkeit.

In den Briefen an seinen Sohn (in denen vorwiegend von der Jagd und den Amtsgeschäften des Kaisers die Rede ist) erweist sich Franz Joseph als fürsorglicher, aber gestrenger Vater, der in seiner Wort- und Themenwahl sowie im geistigen Anspruchsniveau auf den Entwicklungsstand und die Aufnahmefähigkeit des Sohnes Bedacht nimmt, auf seine Vorlieben eingeht, seine Fragen prompt beantwortet, ihn tadelt und zu körperlichen wie intellektuellen Leistungen ermuntert. In ihnen reflektiert sich die Absicht des Kaisers, aus seinem Sohn vor allem einen strammen Soldaten und hervorragenden Jäger zu machen. Franz Joseph versuchte den jungen Kronprinzen, auch wenn dieser nicht in seiner unmittelbaren Nähe war, pädagogisch fernzusteuern. Der erhobene Zeigefinger ist nicht zu übersehen. »Du wirst der lieben Mama und mir immer Freude machen, recht muthig, männlich und fleißig sein«, formulierte der Kaiser sein erzieherisches Credo, das er in zahlreichen Briefen dem Kronprinzen immer wieder in Erinnerung rief, refrain- und stakkatohaft einhämmerte.

Auf jagdliche Mißerfolge seines Sohnes reagierte Franz Joseph mit besonderer Empfindlichkeit. »Ich bedauere sehr«, rügte er den Elfjährigen, »daß Du, trotz beneidenswerthen Anlaufes, auf der Jagd Alles gefehlt hast, und hoffe nur«, fügte er besänftigend hinzu, »daß Du auf künftigen Jagden, zu denen es wohl noch Gelegenheit geben wird, besser schiessen wirst.«

Der Kaiser fand für seinen sensiblen Sohn aber auch Worte des Lobes und der Ermunterung, wenngleich sie ihm spärlicher aus der Feder flossen als die Appelle zur Pflichterfüllung und zur Männlichkeit. Galt Franz Josephs Hauptinteresse der körperlichen Erziehung Rudolfs, dessen Jagderfolgen und Fortschritten beim Reiten, so nahm er selbstverständlich auch Anteil an der geistigen Entwicklung seines Sohnes. Immer wieder ermahnt er ihn zum fleißigen Studium und lobt seine Fortschritte in den verschiedenen Wissensgebieten. Auch an Gefühlsäußerungen, die eine emotionelle Bindung an den Sohn signalisieren, fehlt es in seinen Briefen nicht, wenn sie auch äußerst selten sind. Der Kaiser, nach außen hin stets um männliche Beherrschtheit bemüht, beklagt ab und zu seine eigene und Rudolfs Einsamkeit und bedauert zwischen den Zeilen die spärlichen Gelegenheiten zur »Familienvereinigung«.

Es mag überraschen, daß Franz Joseph dem zum jungen Mann heranreifenden Kronprinzen andeutungsweise auch politische Mitteilungen machte. Ganz offen äußert er seine Abneigung gegenüber dem deutschen Kaiser Wilhelm I., spielt auf die Ereignisse in Bosnien und der Herzegowina im Jahre 1875 und die politischen Veränderungen in Spanien an und erwähnt auch des öfteren die Verhandlungen zwischen den Parlamentsausschüssen (Delegationen) der österreichischen und ungarischen Reichshälfte.

Diese Informationen, so vage sie sind, setzen voraus, daß der Gesprächspartner in die Materie eingeweiht war. Man kann daher entgegen anderslautenden Behauptungen in manchen Publikationen annehmen, daß der Kaiser mit dem Kronprinzen zumindest in den Jahren zwischen 1875 und 1877 politische Gespräche über die verschiedensten Themen geführt hat.

Die Briefe der Kaiserin an ihren Sohn dokumentieren, vom Inhalt einmal ganz abgesehen, Elisabeths hervorstechendstes Charaktermerkmal: ihre große Ungezwungenheit, ja Unbekümmertheit. Förmlichkeiten, diplomatische Erwägungen und Rücksichtnahmen zeremonieller Natur waren der Kaiserin völlig fremd. Elisabeth tat, was sie wollte, sagte, was sie sich dachte, schrieb, was ihr in den Sinn kam. Sie brachte ihre Gefühle, ihre Meinungen, ihre Urteile, ihre Stimmungen geradeheraus zum Ausdruck, sie schrieb ihre Briefe leichthändig, ohne sprachliche oder gar stilistische Hemmungen. Die Briefe der

Kaiserin sind nicht inhaltsschwer, sie sind voll des Alltäglichen, sie reflektieren ihre Vorlieben (Reitsport), Neigungen und Exzentrizitäten, aber es macht Spaß, sie zu lesen. Von ihren zahlreichen Unpäßlichkeiten, ihren Krankheiten und Kränkeleien ist in diesen Briefen auffallenderweise kaum die Rede. Vergnügt und vergnüglich schildert sie dem kleinen Rudolf, wie sie ihre Hofdamen zwang, zum Namenstag des Kaisers auf dessen Gesundheit ein Glas Champagner zu leeren, was nicht an jeder von ihnen spurlos vorüberging; frohgelaunt, voller Schalk und Schabernack erzählt sie ihm von den zwangslosen abendlichen Zusammenkünften mit ihren Schwestern in der bayerischen Heimat, von der Bekanntschaft mit einem belgischen Mädchen, das ihr so gefiel, daß sie es spontan küßte.

Nur in einem einzigen Brief in dieser Sammlung zeigt sich Elisabeth ganz in ihrem eigentlichen Aufgabenbereich als Kaiserin eines Großreiches eingesponnen: im Schicksalsjahr 1866, als sie leidenschaftlich an den Ereignissen auf dem Kriegsschauplatz Anteil nahm und ihre Informationen an Rudolf weitergab. Die Kaiserin liebte ihren Sohn. Sie findet in ihren Briefen nette Worte für ihn, bedauert seine Einsamkeit und zeigt Mitgefühl für seine mit den Jahren zunehmende, psychosomatische Kränklichkeit. Im großen und ganzen brachte sie »ihrem Herzenskind« jedoch wenig Verständnis entgegen, kümmerte sich kaum um seine Erziehung, seine Interessen und Vorlieben, seine Probleme, Nöte und Sorgen. Sie redet in ihren Briefen doch vorwiegend von sich selbst, ihren Passionen und ab 1868 von ihrer über alles geliebten Valerie. Man sollte Floskeln keine zu große Bedeutung beimessen. Aber daß knapp vor der Geburt Valeries aus der Anrede »Mein lieber Rudolf« ein »Lieber Rudolf« wird und auch das Wort »Herzenskind« nicht mehr Verwendung findet, ist zumindest erwähnenswert. Ich glaube auch in den letzten Schreiben der Kaiserin eine Versachlichung des Tonfalles und der Diktion zu erkennen. Ob sich Elisabeth in ihrem Briefstil der geistigen Entwicklung ihres Sohnes anpaßte oder ob sich darin eine zunehmende Entfremdung zwischen Mutter und Sohn widerspiegelt, vermag ich nicht zu beurteilen.

Die Briefsammlung umfaßt 63 datierte, fünf undatierte Schreiben und 10 Telegramme des Kaisers. Drei der undatierten Schreiben (Nr. 54, 57, 66) konnten in die chronologische Abfolge eingereiht werden, zwei werden nicht wiedergegeben, weil Franz Joseph darin Rudolf lediglich auf kurzem Weg die Weitergabe von Briefen unbekannten Inhalts ankündigt. Von der Hand der Kaiserin stammen 27 Briefe und drei Telegramme aus den Jahren zwischen 1860/61 und 1876/77. Die Mitteilungen richten sich also an den drei- bis neunzehnjährigen Kronprinzen. Die Briefe Nr. 1–7 und 21 hat Elisabeth in deutscher, alle übrigen in ungarischer Sprache abgefaßt. Letztere sind in der deutschen Übersetzung in Wortwahl, Stil und Sprachduktus mit größtmöglicher Genauigkeit wiedergegeben.

Sämtliche handgeschriebenen Briefe finden im Druck eine originalgetreue Wiedergabe. Orthographie und Interpunktion wurden beibehalten, da die Abweichungen von der derzeitigen Rechtschreibung und Zeichensetzung die Lesbarkeit nicht beeinträchtigen und auf diese Weise die Ursprünglichkeit und Unmittelbarkeit der Aussage gewahrt bleibt. Lediglich die Schreibung des Datums wurde der heute üblichen angepaßt. Der Kaiser datierte so: Ofen den 1: Jänner 1875.

Die Kaiserin hielt sich überhaupt an kein Schema. Ihre Briefe sind teils undatiert, teils ohne Jahreszahl und Ortsangabe. Die chronologische Einordnung und Reihung verursachte so manche Schwierigkeit.

Kürzungen wurden lediglich bei zwei Kaiserbriefen (Nr. 21 und 51) vorgenommen, in denen detailliert von Jagderfolgen die Rede ist. Die langen Listen mit den Namen der Schützen und den Abschußzahlen der erlegten Tiere wurden zusammengestrichen, die Kürzung ist deutlich ausgewiesen. Die Aussagekraft der Schreiben wurde dadurch in keiner Weise geschmälert. Mehrere Briefe sind zu Briefeinheiten zusammengefaßt, denen eine Einleitung vorangestellt ist, die den historischen und persönlichen Hintergrund ausleuchtet. Personen- und Ortsnamen, die in den Briefen vorkommen, werden in den Anmerkungen vervollständigt und erklärt, unvollständige Aussagen ergänzt, flüchtige Feststellungen kommentiert. Ein Personenregister dient der Orientierung.

Zuletzt sei mir noch ein Wort des Dankes für vielseitige freundliche Hilfe gestattet. Ich danke Herrn Hofrat Dr. Gerhard Rill, dem Direktor des Haus-, Hof- und Staatsarchives, für die unbürokratische Erlaubnis zur Herausgabe der Briefe, seiner Mitarbeiterin, Frau Dr. Elisabeth Springer, für ihre stete Hilfsbereitschaft bei der oftmaligen Inanspruchnahme der Originalbriefe. Archivrat Dr. Peter Broucek hat mir bei der Identifizierung der zahlreichen in den Briefen genannten Militärs sehr geholfen, Prof. Dr. József Zachar half mir bei der Entzifferung der ungarischen Ortsnamen, Oberforstrat Dipl.-Ing. Karl Gratzl bei der Erklärung der vielen Jagdausdrücke, Prof. Dr. Hanns Jäger-Sunstenau bei der Arbeit am Register.

Schließlich sei auch noch Frau Dr. Marion Pongracz Dank gesagt, die sich im Namen des Verlags Carl Ueberreuter spontan für die Drucklegung der Briefe entschieden hat.

DER KAISER UND SEIN SOHN

Als am 21. August 1858 Kaiserin Elisabeth ihrem Gemahl im Schloß Laxenburg nach zwei Töchtern einen Sohn gebar, war die Freude am Kaiserhof und – wie man hinzufügen darf – in weiten Teilen des habsburgischen Reiches groß. Der junge Kaiser strahlte vor Glück. Er hatte nun einen Thronerben, der die Kontinuität des Herrscherhauses garantierte.

Franz Joseph, Soldat durch und durch, bekundete noch am Tag der Geburt seine enge Verbundenheit mit der Armee: Er legte dem Sohn den Orden des Goldenen Vlieses in die Wiege und ernannte ihn zum Inhaber des Linien-Infanterie-Regimentes Nr. 19. Diese beiden Gesten des Kaisers hatten aber wohl auch pädagogischen Symbolcharakter. Rudolf, wie das Kind nach dem Ahnherrn des Hauses Habsburg getauft wurde, sollte, wie er, zum Soldaten und für den Soldatenberuf erzogen werden. Diese primäre Erziehungsabsicht wurde von Franz Joseph dann auch schon sehr früh allen, die es sehen sollten, ad oculos demonstriert. Bereits der Zweijährige empfing in der Hofburg eine Abordnung seines Regimentes und erhielt, kaum den Windeln entwachsen, eine Oberstuniform. Im Alter von drei Jahren nahm der Vater den Sohn in Italien zu einer Parade mit, entsprechendes Spielzeug erhöhte die Lust des Kindes an allem, was mit Militär und Armee zu tun hatte.

Rudolf entwickelte sich in den ersten paar Lebensjahren ganz zur Zufriedenheit des Vaters und seiner Umgebung. Er war munter und aufgeweckt, seine Gesundheit verhältnismäßig stabil. Im dritten Lebensjahr machte sich jedoch im verstärkten Maße eine Disposition zur Kränklichkeit und Ängstlichkeit bemerkbar, die offenbar mit dem frühen Mutterentzug (die Kaiserin verließ im Juli 1860 auf dem Höhepunkt einer Ehekrise für längere Zeit die Familie) im Zusammenhang stand.

Franz Joseph, der sich, soweit es seine Amtspflichten zuließen, um Rudolf redlich kümmerte, scheint die psychologisch bedingten Angstgefühle und die Krankheitsanfälligkeit des Sohnes nicht erkannt zu haben. »Ihr habt ja die Soldaten von Deinem Regimente tanzen gesehen; das muß sehr hübsch gewesen sein, nur höre ich, daß Du Dich gefürchtet hast, was eine Schande ist«, rügte er den Dreijährigen in einem Brief und nannte ihn später einmal wienerisch-liebevoll, aber ein wenig abschätzig und mit einem hohen Grad von Verständnislosigkeit sein »Krepierl«.

Rudolfs ungetrübte Kindheit war kurz. Der Kronprinz war noch keine vier Jahre alt, als er über Weisung des Vaters regelmäßigen Unterricht erhielt. Ein paar Stunden zunächst, mehr und immer mehr später, bis zur Grenze des Zumutbaren. Und dazu kam nach Vollendung des sechsten Lebensjahres mit ausdrücklicher Zustimmung des Kaisers ein harter, unbarmherziger militärischer Drill.

Die Konsequenzen blieben nicht aus. Rudolfs Gesundheitszustand verschlechterte sich dermaßen, daß Anlaß zu berechtigter Sorge bestand. In dieser für die Zukunft des Kindes (lebens-)entscheidenden Situation riß die Kaiserin die erzieherische Initiative an sich. Sie setzte in der Gestalt des verständnisvollen Grafen Joseph Latour von Thurmburg einen neuen Obersthofmeister und damit eine Änderung der Erziehungsmethoden durch. Der Kaiser fügte sich. Sein Sohn und präsumptiver Nachfolger wurde in der Folgezeit von liberalen oder liberal gesinnten Professoren ausgebildet und wuchs zu einem weltoffenen, gesellschaftskritischen jungen Mann mit deutlich antiaristokratischen, antiklerikalen, ja antimonarchischen Ansichten und Überzeugungen heran.

Die liberale Erziehung des Kronprinzen schlang kein einigendes geistiges Band zwischen Vater und Sohn. Im Gegenteil. Sie warf Gräben auf. Der Kaiser kümmerte sich, soweit es seine Zeit erlaubte, wohl weiter um den Sohn, spornte ihn zu Jagderfolgen an, informierte ihn über seine eigene Tätigkeit. Die geistigen Neigungen und Interessen des Kronprinzen blieben ihm fremd. Die politischen Ansichten des konservativ denkenden Vaters und seines liberal eingestellten Sohnes drifteten immer weiter auseinander, die geistige Entfremdung zwischen dem Monarchen und dem Thronfolger wuchs und steigerte sich schließlich bis zur intellektuellen Berührungslosigkeit. Rudolf stürzte sich nach Beendigung seiner Studien in den Taumel des Lebens, ging seinen Vergnügungen und Vorlieben nach. Seine militärischen Pflichten und Repräsentationsaufgaben erfüllte er anfangs mit geziemender Ernsthaftigkeit, später wurden sie ihm immer lästiger und widerwärtiger.

Der Kronprinz verfaßte wissenschaftliche Abhandlungen, schrieb politische Denkschriften, anonyme Beiträge für Zeitungen und geriet in einen immer stärker werdenden Gegensatz zur offiziellen Politik des Kaisers und des Reiches.

Das Scheitern seiner Ehe, seine Liebesaffären und Alkoholexzesse trieben den seelisch labilen Kronprinzen in ein menschliches und gesellschaftliches Ghetto, aus dem er sich nicht mehr zu befreien vermochte. Franz Joseph, in seine eigene Vorstellungs- und Denkwelt eingesponnen und von seinen Amtsgeschäften völlig in Anspruch genommen, sah den Zerfall der Persönlichkeit des Kronprinzen nicht oder schenkte ihm, was noch schlimmer wäre, keine Aufmerksamkeit. Und so stand er eines Tages fassungslos vor dem Leichnam Rudolfs, dessen Selbstmord ihm die innere Ruhe raubte und das habsburgische Kaiserreich bis in seine Grundfesten erschütterte.

Ofen den 16: April 1868.

Lieber Rudolph,

Morgen ist dein Namenstag und
ich kann denselben leider nicht mit
dir zubringen und nur in Gedanken
mich in Dein und Gisela's Nähe versetzen.
Von ganzem Herzen wünsche ich dir
alles Gute, Gott erhalte und beschütze
Dich und gebe es in Seiner Gnade,
daß wir nur immer Freude und
Trost an dir erleben, wie es bis
jetzt immer der Fall war. Sei
nur recht pflichtgetreu, fleißig und
genau im Lernen. "Thue nur was
recht ist, so wirst Du ein braver
tüchtiger Mann werden".

Ich hoffe, daß unseren Gebeten dich

DIE BRIEFE FRANZ JOSEPHS

Nach einem mehrmonatigen Aufenthalt auf der Insel Korfu verbrachte Kaiserin Elisabeth mehr als ein halbes Jahr in Venedig. Sie kam am 26. Oktober 1861 in der Lagunenstadt an und blieb bis Mai 1862. Ihre Kinder, die fünfjährige Gisela (der Kaiser schrieb ihren Namen eine Zeitlang »Gisella«) und der dreijährige Rudolf, trafen am 5. November 1861, von einer Reihe von Bediensteten begleitet, in Venedig ein, um die Wintermonate bei der Mutter zu verbringen. Der Kaiser, der in Wien seinen Amtsgeschäften nachging, kam dreimal zu Besuch: Ende November 1861, im März und im Mai 1862. Er benützte seine Italienaufenthalte auch zur Inspektion der im Lombardo-Venezianischen Königreich stationierten Truppen.

Seinem Sohn Rudolf schrieb der Kaiser einige Briefe, in denen er sich sprachlich wie inhaltlich als ein Meister des Umganges mit kleinen Kindern erweist. Er erzählt dem tierliebenden Kronzprinzen viel von einem Hund, lobt Rudolf für sein schönes Ungarisch, ermahnt ihn, brav und gehorsam zu sein, tadelt aber auch seine Ängstlichkeit. Franz Joseph bezeichnet Furcht als Schande, eine Lebens- und Erziehungshaltung, die nur aus dem Gesichtswinkel seiner soldatischen Vorstellungswelt zu verstehen ist.

1   Laxenburg, den 12. November 1861

   Lieber Rudolph,

Ich danke Dir für Deinen lieben Brief, den ich Gestern bekommen habe und der mich sehr gefreut hat. Es freut mich auch sehr, daß es Dir in Venedig gefällt und daß Du mit der lieben Mama viel spazieren gehst. Ich hoffe, daß ich recht bald zu Euch kommen kann, denn ich denke beständig an die liebe Mama an Gisella und Dich. Es hat mich sehr gefreut zu hören, daß Du so brav und freundlich warst, wie die Offiziere von Deinem Regimente[1] bei Dir waren und daß Du so schön ungarisch gesprochen hast. Ich bin sehr froh, daß die Wowo[2] wieder wohl ist und lasse sie grüßen.
Die Gisella soll fleißig französisch sprechen[3] und Ihr Beide recht brav sein und der Mama viel Freude machen. Ich lasse die Mama und die Gisella küßen und indem ich Dich auch küsse, bleibe ich Dein, Dich von ganzem Herzen liebender

                              Papa

1 Der Kronprinz war seit seiner Geburt Inhaber des Linien-Infanterie-Regimentes Nr. 19.
2 Die Kaiserkinder bezeichneten Baronin Charlotte Welden, ihre Aja, liebevoll als »Wowo«.
3 Die französische Sprachlehrerin Madame Giraud kam auf Wunsch des Kaisers nach Venedig mit.

2   Wien, den 21. November 1861

   Lieber Rudolph,

Ich schicke Dir und Gisella 4 Fasanen, die ich Gestern in der Schönbrunner Fasannerie geschossen habe und die die Buchmüller[1] für Euch braten kann.

Die liebe Mama hat mir geschrieben, daß ihr auf dem Lido gewesen seit. Dort habt ihr gewiß schöne Muscheln gefunden. Der Yeiß[2] frühstückt immer bei mir und nach dem Essen bekommt er drei Hohllipen, ganz wie in Laxenburg. Er hat gestern mit einem anderen Hunde gerauft und ist gebissen worden, so daß er heute nur auf 3 Füssen gehen kann und Umschläge bekommt. Ich hoffe aber, daß er bald wieder so wohl sein wird, um mit mir zu Euch nach Venedig zu reisen. Ich hoffe, daß Du recht brav und gehorsam bist und ebenso auch die Gisella, um der lieben Mama recht viel Freude zu machen. In der Hoffnung Euch recht bald wieder zu sehen, küsse ich Euch und bleibe Dein

alter Papa

1 Susanna Buchmüller, k. k. Hof-Mund-Köchin, die in Venedig für das Wohl der kaiserlichen Familie sorgte
2 Name des Hundes der kaiserlichen Familie

3   Wien, den 31. Jänner 1862

Lieber Rudolph,

Ich danke Dir recht für Deinen lieben Brief, der mich sehr gefreut hat und den ich erst Heute beantworten kann, weil ich diese Tage zu viel zu thun gehabt habe. Es freut mich sehr, daß es Dir wieder ganz gut geht und daß Du schon im Garten warst. Auch bin ich sehr froh, daß es der lieben Gisella wieder besser geht, denn ich habe mich wegen ihr sehr geängstigt.
Hier regnet es jetzt auch und es ist ganz warm. Ich habe vorgestern auf der Jagd einige Füchse geschossen und es thut mir nur sehr leid, daß ich sie Euch nicht zeigen kann. Onkel Ludwig[1] ist gestern nach Salzburg zurückgereist, nachdem er hier noch viel getanzt hat.

Dem Yeiß geht es sehr gut und er ist sehr lustig. Ich hoffe, daß Du immer sehr brav bist und der lieben Mama recht viel Freude machst. Ich küsse Dich und Gisella und umarme die liebe Mama

Dein Papa

1 Erzherzog Ludwig Viktor, der jüngste Bruder des Kaisers

4   Wien, den 28. Februar 1862

Lieber Rudolph,

Ich danke Dir recht herzlich für Deinen lieben Brief, den ich so lange nicht beantwortet habe, weil ich keine Zeit hatte. Auch Gisella danke ich für ihren kleinen Brief und für die hübschen Photographien, die mich sehr gefreut haben. Ich habe sie in meinem Schreibzimmer aufgehängt. Ich hoffe bald zur lieben Mama und zu Euch kommen zu können und freue mich schon unendlich Euch wieder zu sehen und zu küssen. Den Yeiß, dem es sehr gut geht, werde ich mitbringen. Jetzt muß es in Venedig schon recht warm sein und ihr könnt viel spazieren gehen. Hier ist es noch recht kalt und garstiges Wetter.
Ihr habt ja die Soldaten von Deinem Regimente tanzen sehen; das muß sehr hübsch gewesen sein, nur höre ich, daß Du Dich gefürchtet hast, was eine Schande ist. Wie gefällt Dir denn der kleine Königsegg?[1] Er kann ja nicht recht sprechen.
Ich küsse Dich und Gisella und hoffe Euch recht bald wiederzusehen.

Dein Papa

Grüße die Wowo und die Nono[2] von mir

1 Franz Xaver, Sohn der Gräfin Paula Königsegg, der Obersthofmeisterin Elisabeths
2 Gemeint ist die Kammerfrau Leopoldine Nischer, die von den Kindern zärtlich »Nono« genannt wurde.

5   Wien, den 15. April 1862

Lieber Rudolph,

Zu Deinem Namenstage wünsche ich Dir von ganzem Herzen alles Glück und recht viele Freuden. Ich werde recht für Dich beten und bin sehr traurig, daß ich an diesem Tage nicht bei Dir sein kann. Sei nur recht brav und mache der Mama recht viele Freude. Die Mama wird Dir meine Geschenke in meinem Namen übergeben. Ich danke der lieben Gisella für ihren Brief und werde ihr nächstens schreiben. Sie schreibt mir, daß Du sehr schlimm warst und das thut mir sehr leid und wird hoffentlich nicht mehr geschehen. Ich hoffe, daß Du mit der neuen Großmama[1] höflich und brav bist, damit sie sich über Dich freuen kann.
Hier ist es jetzt sehr kalt und im Gebirge, wo ich Auerhahnen geschossen habe, liegt viel Schnee.
Der Onkel Ludwig ist Gestern von Salzburg gekomen und bleibt einige Tage hier.
Dem Yeiß geht es sehr gut, nur wird er zu dick und zu faul. Indem ich meine Wünsche wiederhole und Dich und die Gisella küsse, bleibe ich Dein Dich innigst liebender

                           Papa

Der Wowo und der Nono sehr viel Schönes.

1 Herzogin Ludovika in Bayern, die Mutter der Kaiserin Elisabeth, die ihre Tochter in Venedig besuchte

Aus dem Zeitraum Mai 1862 bis Ende Juli 1865 liegen keine Briefe des Kaisers an den Kronprinzen vor. Sie dürften entweder verlorengegangen oder ausgeschieden worden sein. Der Kronprinz erhielt ab dem 1. Mai 1862 regelmäßigen Unterricht und nach Vollendung des sechsten Lebensjahres einen eigenen Hofstaat. Mit der Leitung seiner Erziehung wurde auf Wunsch des Kaisers General Leopold Graf Gondrecourt betraut, dessen unbarmherzigen Erziehungsmethoden der sensible, körperlich schmächtige Rudolf körperlich und seelisch nicht gewachsen war. Der Gesundheitszustand des Kronprinzen verschlechterte sich besorgniserregend. In dieser bedrohlichen Situation entschloß sich die Kaiserin zu einem ungewöhnlichen Schritt. Sie verlangte Ende August 1865 vom Kaiser ultimativ die Erziehungsvollmacht über ihre Kinder. Franz Joseph gab nach, der Zuchtmeister Gondrecourt mußte abtreten. An seine Stelle trat der verständnisvolle, einfühlsame, warmherzige Graf Joseph Latour von Thurmburg. Mit Billigung Elisabeths erhielt der Kronprinz nun eine liberale Erziehung durch überwiegend bürgerliche Universitätsprofessoren, die sein Weltbild entscheidend prägten.

6   Laxenburg, den 26. Juli 1865

Lieber Rudolph,

Vielmals und vom ganzen Herzen danke ich Dir für Deinen lieben Brief vom 22., der mich sehr freute. Auch Gisella lasse ich innigst für ihren hübschen Brief danken und sie um Verzeihung bitten, daß ich ihr noch nicht geantwortet habe; allein ich hatte diese Tage so viel zu thun, daß ich nicht dazu gekommen bin. Deine beiden Herren[1] grüße ich freundlichst und danke Latour für seine, mich sehr interessierenden Berichte. Ich bin sehr glücklich, daß es Euch gut geht und daß ihr die starke Hitze gut vertragt. Auch hier ist es ungeheuer heiß. Von der lieben Mama habe ich sehr gute Nachrichten[2] und hoffe, daß sie bald zu uns nach Ischl zurückkommt. Der Großpapa[3] wird Heute Abend in Ischl sein und in einigen Tagen auch die Großmama[4]. Ich hoffe in einigen Tagen zu Euch zu kommen und freue mich sehr Euch wiederzusehen, aber das arme Ischl werde ich in einem recht traurigen Zustande wiederfinden, nach dem schrecklichen Brande.[5] Es muß traurig, aber großartig zu sehen gewesen sein. Ich danke Dir auch sehr für die Photographien, die ich sehr gut und ähnlich finde.

Die Husaren, deren Aufführung Dich besonders interessirt, sind jetzt sehr brav. Ich war Gestern Früh bei ihrem Exerziren auf der Schmelz[6] und war sehr zufrieden mit ihnen. Der Onkel Ludwig ist Gestern von Salzburg wieder nach Schönbrunn gekommen, weil er Morgen den Reichsrath in meinem Namen schliessen muß.[7] Jetzt weiß ich Dir nichts mehr von hier zu erzählen und ich schliesse daher, indem ich Dich und Gisella umarme. Auf baldiges Wiedersehen.

Dein
Dich innigst liebender
Papa

1 Leopold Graf Gondrecourt und Graf Joseph Latour von Thurmburg, denen zu diesem Zeitpunkt die Erziehung des Kronprinzen anvertraut war
2 Die Kaiserin hielt sich in Bad Kissingen zur Kur auf.
3 Erzherzog Franz Karl, der Vater Franz Josephs
4 Erzherzogin Sophie, die Mutter Franz Josephs
5 Am 21. Juli 1865 fielen 22 Häuser, darunter das Hotel Zur Kaiserin Elisabeth, das stattlichste Gebäude des Ortes, einem Großbrand zum Opfer. Der Kaiser spendete zur Linderung der ärgsten Not spontan 2 000 Gulden.
6 Exerziergelände jenseits des damaligen Linienwalles (heute: Gürtel) im heutigen 15. Wiener Gemeindebezirk, Rudolfsheim-Fünfhaus
7 Nach der Entlassung des Kabinettes Rainer-Schmerling wurde der Reichsrat, der ohnehin nur mehr von einer Minderheit beschickt wurde, aufgelöst.

Bereits im Juni 1865 fuhr Franz Joseph nach Budapest, um mit den Ungarn Verhandlungen zu führen. Er hob zunächst die Militärgerichtsbarkeit auf, die seit 1848/49 noch immer bestand, und erließ eine Amnestie für Pressevergehen.
Im Dezember hielt er sich abermals für kurze Zeit in Ungarn auf, während Elisabeth in München weilte.
Ende Jänner 1866 begab sich das Kaiserpaar auf eine mehrwöchige Ungarn-Reise.
Obwohl die Kaiserin auch bei diesem Aufenthalt einige Zeit krank war, unterwarf sie sich einer für sie ungewohnt strengen Disziplin. Sie hielt vielbejubelte Reden in der Landessprache – Elisabeth nahm seit Februar 1863 regelmäßigen Ungarischunterricht – und gab gemeinsam mit dem Kaiser Diners, Cercles und Feste. Franz Joseph führte Verhandlungen, nahm an Manövern teil und inspizierte Kasernen. Trotz der vielen Arbeit nahm er sich die Zeit, die schriftlichen Aufsätze seines Sohnes zu lesen.

7   Ofen[1], den 16. Dezember 1865

Lieber Rudolph,

Vom ganzen Herzen danke ich Dir für Deinen lieben Brief, der mich sehr gefreut hat, den ich aber erst Heute beantworte, weil ich sehr viel zu thun habe und auch der lieben Mama schreiben muß.
Die Schrift in Deinem Briefe ist sehr hübsch und ich freue mich sehr über die großen Fortschritte, welche Du im Schreiben gemacht hast.
Von der Gisella habe ich Gestern einen Brief erhalten, für welchen ich ihr sehr danken lasse. Ich werde ihr antworten, so bald ich kann.

So eben, während ich schreibe, bringt man mir einen Brief von der lieben Mama aus München. Sie wird spätestens am 23. nach Wien zurückkommen.[2] Ich werde wahrscheinlich auch etwas später zu Euch kommen, als ich gehofft hatte, weil hier so viele Leute zum Essen einzuladen sind, daß ich mit meinen Diners bis Dienstag kaum fertig werden kann.

Jetzt muß ich Deine vielen Fragen beantworten. Die Ungarn führen sich bis jetzt sehr gut auf und ich bin mit ihnen zufrieden. In Ofen und Pesth sieht es recht hübsch aus, es liegt noch kein Schnee, aber Gestern und Heute ist es sehr stürmisch. Die Aussicht von meinem Zimmer ist sehr schön. Man sieht die Stadt Pesth mit der großen Kettenbrücke und die Donau, auf der eine Menge Dampfschiffe herumfahren. Alle Häuser und die Brücke sind mit einer Menge Fahnen geschmückt.

Am Abend nach meiner Ankunft war eine sehr hübsche Beleuchtung die sich besonders hier vom Schlosse sehr gut ausgenommen hat.

Die Ausrückung der Garnison war Mittwoch. Es waren 4 Regimenter Infanterie, 3 Eskadronen[3] Uhlanen und 5 Battrien in Mänteln ausgerückt. Das Wetter war sehr schön und ich war mit den Truppen ganz besonders zufrieden.

Jetzt muß ich aber schliessen, um zu arbeiten. Ich umarme Dich und Gisella von ganzem Herzen und bleibe Dein

Dich innigst liebender
Papa

---

1 Ofen (ungar.: Buda) auf dem rechten und Pest auf dem linken Donauufer wurden erst 1872 zur Doppelstadt Budapest vereinigt.

2 Dies war aber nicht der Fall. Die Kaiserin blieb über Weihnachten in München und kehrte erst am 30. Dezember nach Wien zurück.

3 Escadron, frz. für Schwadron, die kleinste taktische Kavallerie-Einheit

Ofen, den 2. Februar 1866

Mein lieber Rudolph,

Von ganzem Herzen danke ich Dir für Deinen lieben und hübschen Brief vom 31. v. M., den ich Gestern Früh erhielt und der die liebe Mama und mich sehr freute. Vorgestern erhielt die Mama einen Brief von der Gisela, der uns auch sehr freute und für welchen wir ihr innigst danken. Mama wird ihr, wo möglich, Heute antworten, wenn sie einen Augenblick Zeit dazu findet; denn hier ist die Mama mit Audienzen, Deputationen, Diners, Cercles, Toilette machen und Lernen der ungarischen Reden sehr in Anspruch genommen.
Leider haben wir Euch nicht mehr gesehen, wie ihr bei der Gisela zum Fenster heraus gesehen habt, da wir es nicht wußten. Jetzt muß ich Deine Fragen beantworten. Der lieben Mama und mir geht es sehr gut, nur ist die Mama manchmal etwas müd und hat etwas Halsweh und Husten vom vielen Sprechen und von der großen Hitze in den Sälen des Schloßes, besonders vorgestern Abends nach dem Damen Cercle, der über 1½ Stunden gedauert hat und wobei 61 Damen in Schleppkleidern waren.
Wir haben schon ein ziemlich großes Diner am Dienstag gehabt, und Gestern ein kleineres mit Damen. Heute speist die Gräfin Caroline Wimpfen mit ihrem Manne[1] bei uns. Die Mama hat sehr schöne Zimmer mit einer sehr schönen Aussicht auf Pesth und auf die Donau, auch einen blauen Salon mit einem Throne unter einem Baldachin, wo sie Gestern 3 Deputationen empfangen hat und an jede eine ungarische Rede gehalten hat, wobei die Leute ungeheuer éljen geschrieen haben.
Hier war auch immer schönes Wetter. Es ist nie gefroren und die ersten Tage war es sogar sehr warm, so daß ich am Dienstag mit der Mama im Stadtwäldchen in Pesth spazieren geritten bin.

Ich hoffe, daß Du immer recht brav und fleissig bist und die Gisela nicht sekirst. Mit der lieben Mama umarme ich Dich und Gisela und küsse den Großeltern die Hände.

        Dein, Dich innigst liebender
        Papa

1 Franz Graf Wimpffen, der Generalfeldzeugmeister des Kaisers

9   Ofen, den 9. Februar 1866

 Mein lieber Rudolph,

Von ganzem Herzen danke ich Dir für Deinen lieben Brief vom 7., der mich sehr freute und der wieder sehr hübsch geschrieben war.
Auch die liebe Mama hat sich gefreut ihn zu lesen. Vorgestern erhielt die Mama auch einen Brief von der Gisela, der aber leider englisch war, so daß ich ihn nicht lesen konnte und mir nur den Inhalt von der Mama erzählen ließ.
Wir sind sehr glücklich, daß es Euch immer gut geht und ich hoffe, daß Ihr auch brav seid und gut lernt. Löschner[1] hat uns die besten Nachrichten von Euch gebracht und Morgen werden wir durch die Königsegg[2] von Euch hören. Ich habe sie sehr darum beneidet, daß sie haben nach Wien gehen können, denn ich möchte Euch sehr gerne wieder sehen, allein ich kann noch gar nicht bestimmen, wann wir nach Haus kommen, denn ich habe hier noch viel zu thun.
Jetzt kommen die Antworten auf Deine Fragen: Löschner ist hierher gekommen, weil Mama nicht ganz wohl war und mit ihm sprechen wollte. Jetzt geht es ihr aber schon besser.
Die Truppen habe ich vorigen Dienstag exerziren lassen. Es waren 4 Regimenter Infanterie, 3 Eskadronen Uhlanen und

4 Battrien ausgerückt, die auf den Rákos[3] bei Pesth im Feuer manövrirt haben, was sehr gut ausgefallen ist und mich zufrieden gestellt hat. Morgen wird das ganze Uhlanen Regiment mit 6 Eskadronen vor mir exerziren. Vorgestern war ich in 2 Kasernen in deren einer Uhlanen und Artillerie und in der anderen das Regiment Gondrecourt liegt.

In den Zeitungen habe ich gelesen, daß Vorgestern in Wien ein fürchterlicher Sturm war. Hier hat er Gestern Früh angefangen und dauert noch, ist aber nicht so arg, wie er in Wien gewesen sein muß. Dabei waren Gestern schon um 5 Uhr Früh 10 Grad Wärme. Die Sträucher hier im Garten haben auch schon grüne Knospen und einige schon kleine Blätter.

Dienstag um 9 Uhr Abend waren wir am Bürgerball im großen Redouten Gebäude. Es war so voll, daß man sich gar nicht rühren konnte und natürlich auch nicht getanzt wurde und eine fürchterliche Hitze. Die Leute waren aber sehr gut aufgelegt und schrien in einem fort éljen.

Das Papier ist zu Ende und ich schliesse indem ich mit der lieben Mama Dich und Gisela umarme.

                  Dein
                  Dich innigst liebender
                  Papa

Deinen Herrn meine besten Grüße.[4]

---

1 Josef Wilhelm Löschner, Professor für Kinderheilkunde
2 Graf Alfred und Gräfin Paula Königsegg zu Aulendorf
3 Gebiet am linken Donauufer bei Pest, das als Manövergelände benutzt wurde
4 Gemeint sind die maßgeblichen Herren (Offiziere) im Hofstaat Rudolfs. Der Kaiser entbot ihnen in vielen Briefen seine Grüße.

10   Ofen, den 16. Februar 1866

Mein lieber Rudolph,

Mit großer Freude erhielt ich Gestern Deinen lieben, langen Brief vom 14., für welchen ich Dir herzlichst danke. Auch Euere Briefe, welche Paula[1] der lieben Mama gebracht hat und der letzte Brief der Gisela an die Mama, haben uns sehr gefreut. Ebenso dankt Dir die Mama für die hübschen Schneeglöckchen, welche Du ihr durch den Onkel Ludwig geschickt hast. Sie wird der Gisela schreiben, so bald sie kann, denn, wie Euch Löschner erzählen wird, war sie recht unwohl und muß sich noch sehr schonen. Vorgestern ist die liebe Mama den ganzen Tag im Bett geblieben und auch Gestern hat sie erst spät aufstehen dürfen.

Ich habe deßwegen auch am Dienstag allein mit dem Onkel Ludwig auf unserem großen Ball erscheinen müssen, was mich gar nicht gefreut hat. Es waren über 700 Personen und es ist sehr viel und sehr lustig getanzt worden bis nach Mitternacht. Der Onkel Ludwig hat sehr viel getanzt und sich gut unterhalten. Gestern war ich mit ihm im ungarischen Theater, wo eine neue Oper, die Afrikanerin, zum ersten Male gegeben wurde.[2] Jetzt beantworte ich Deine Fragen: Der Rákos ist eine große Ebene mit sehr viel Sand, welche gleich bei den letzten Häusern von Pesth beginnt und längst der Donau sich ziemlich weit erstreckt. Am Ende des Rákos ist ein kleiner Wald, in welchem sich der Wettrennplatz befindet und eine Art Dorf von lauter Schweineställen, die voll sehr dicken, gemästeten Schweinen sind, die aber noch gar keine Trychinen haben.

Die Uhlanen haben manövrirt und waren recht brav, so daß ich mit ihnen zufrieden war. Hier liegt das 10. Artillerie Regiment mit 7 Battrien, denn die 4 anderen Battrien des Regiments sind in Siebenbürgen.

Deine schriftlichen Aufsätze habe ich noch nicht ganz durchsehen können und ich werde sie Dir baldmöglichst zurückschikken.
Der lieben Großmama lasse ich die Hände küssen und ihr für ihren Brief vielmals danken, den ich so bald ich kann beantworten werde. Mit der lieben Mama umarme ich Dich und Gisela und bleibe Dein

Dich innigst liebender
Papa

1 Gräfin Paula Königsegg
2 Giacomo Meyerbeers Oper »Die Afrikanerin«. Sie wurde 1865, ein Jahr nach dem Tod des Komponisten, in Paris uraufgeführt.

11   Ofen, den 23. Februar 1866

Mein lieber Rudolph,

Endlich komme ich dazu, Dir für Deinen lieben Brief vom 19. zu danken, der mich sehr gefreut hat. Ich habe diese letzten Tage nicht schreiben können, da ich sehr viel zu thun hatte und keinen freien Augenblick fand. Es hat mir sehr leid gethan, daß Du unwohl warst und 2 Tage hast im Bett bleiben müssen. Ich hoffe, daß Du Heute schon wieder ganz wohl und außer Bett bist und wieder fleissig studiren kannst. Ich freue mich auch sehr, daß die liebe Großmama sich schnell von ihrem Unwohlsein erholt hat. Ich lasse ihr für ihren Brief danken und sagen, daß ich hoffe, bald schreiben zu können.
Die vielen, schönen Schneeglöckchen, welche die Gisela der lieben Mama geschickt hat, haben sie sehr gefreut und sie hat sie noch in 2 Wassergläsern in ihrem Zimmer stehen.
Es geht der Mama schon viel besser und sie hustet nur mehr wenig; sie war auch schon einige Male im Garten spazieren

und ist Gestern zum ersten Male zum Essen erschienen, bei welchem wir einige Damen und recht viele Herren hatten.
Nächsten Sonntag haben wir eine große Soirée von 500 Personen und im Laufe der nächsten Woche werden wir hoffentlich zu Euch zurückkommen.
Wie wir uns freuen, Euch nach so langer Zeit wiederzusehen, kannst Du Dir denken.
Hier ist es seit einigen Tagen recht kalt und Gestern hat es geschneit, zum ersten Male, seitdem wir hier sind.
Ich schicke Dir Deine schriftlichen Aufsätze, die mich sehr gefreut haben, zurück.
Mit der lieben Mama umarme ich Dich und Gisela und bleibe Dein

     Dich innigst liebender
     Papa

12   Ofen, den 28. Februar 1866

  Mein lieber Rudolph,

Mit großer Freude erhielt ich Gestern Deinen lieben Brief vom 26., für den ich Dir innigst danke.
Ich war sehr froh aus dem Brief des Obersten Latour zu ersehen, daß es Dir schon fast ganz gut geht und daß Du wieder fleissig lernen kannst. So bald, wie ich gehofft habe, kommen wir doch nicht zu Euch zurück, weil ich hier noch einige Tage zu thun habe, aber nächsten Montag oder Dienstag sind wir ganz gewiß bei Euch.[1]
Der lieben Mama geht es viel besser, aber Gestern hatte sie so starkes Kopfweh, daß sie sich gleich nach dem Diner, bei welchem viele Leute waren, ins Bett legen mußte und nicht mit mir ins ungarische Theater fahren konnte, was ihr sehr leid that,

denn es wurde ein sehr hübsches Stück, a két pistoly², gegeben, welches sie sehr zu sehen gewünscht hatte. Vorgestern hatten wir auch ein großes Diner und Morgen werden wir das Letzte geben. Die Soirée am Sonntag ist recht gut ausgefallen, und hat, zum Glück, nur 2 Stunden gedauert.

Gestern um 11 Uhr Früh war in Pesth die Schlußsteinlegung eines Armenhauses, das den Namen der Mama trägt. Es war eine kirchliche Ceremonie und Mama klopfte dann auf den Schlußstein mit einem Hammer. Nach der Ceremonie haben wir noch das ganze Haus angesehen.

Um ½ und um 2 Uhr habe ich Gestern die Deputationen der beiden Häuser des Landtages empfangen, die mir die Adressen³ überbracht haben. Ich war in rother Generals Uniform und habe zwei ungarische Reden gehalten.

Die Truppen habe ich jetzt schon lange nicht visitirt, aber heute werde ich zwei Kasernen hier in Ofen ansehen, in welchen das Regiment Großfürst Konstantin⁴ und das 4. Battaillon vom Regiment des Herzogs von Modena⁵ liegen.

Mit der lieben Mama umarme ich Dich und Gisela. Auf baldiges frohes Wiedersehen. Dein

              Dich innigst liebender
              Papa.

---

1 Das Kaiserpaar kehrte am 5. März 1866 nach Wien zurück.
2 Das Volksstück in drei Akten: »Két pisztoly« (»Zwei Pistolen«) von Ede Szigligeti wurde am 27. Februar 1866 im Nationaltheater in Budapest aufgeführt. Die Musik dazu komponierte Franz Erkel.
3 Es handelt sich hier um eine politische, schriftliche Willenskundgebung.
4 Benannt nach Konstantin Nikolajewitsch, Großfürst von Rußland
5 Benannt nach Franz IV. Joseph von Este, Herzog von Modena

Das Jahr 1866 war das Schicksalsjahr der Monarchie. Im Krieg gegen Preußen erlitt die österreichische Armee bei Königgrätz in Böhmen eine vernichtende Niederlage. Das Königreich Sachsen und andere deutsche Staaten standen auf der Seite Österreichs. Der achtjährige Kronprinz, der sich zunächst in Ischl und später mit der Mutter in Budapest aufhielt, bekundete für die militärischen Operationen und politischen Vorgänge brennendes Interesse. Er wurde vom Kaiser darüber jedoch kaum informiert. Im folgenden Schreiben, das Franz Joseph anläßlich des bevorstehenden Geburtstages des Kronprinzen abfaßte, benutzte der Kaiser abermals die Gelegenheit, seinem Sohn pädagogische Ratschläge zu erteilen.
Er ging aber doch auf das Zeitgeschehen ein. Mit den dringenden Geschäften, auf die er hinweist, sind wohl die laufenden Gespräche über den Friedensschluß gemeint (Friede zu Prag am 23. August 1866), und auch die schweren Verluste der österreichischen Armee auf dem böhmischen Kriegsschauplatz finden Erwähnung. Die schwere militärische Niederlage trug der Kaiser offenbar mit (gespielter?) stoischer Ruhe. Emotionslos wünschte er seinem Sohn bessere Zeiten als jene, die ihm vom Schicksal beschieden wurden.

13   Schönbrunn, den 19. August 1866

Lieber Rudolph,

Von ganzem Herzen danke ich Dir für Deinen lieben, langen Brief vom 17., den ich Gestern erhielt, so wie für alle Briefe, welche Du mir geschrieben hast, seit Du in Ofen bist. Auch der lieben Gisela danke ich innigst für ihre Briefe und für die hübschen Pantoffeln, die sie mir gemacht hat und die mich sehr freuen. Ich habe sie heute beim Aufstehen schon benutzt. Ich

habe Euch so lange nicht geschrieben, weil ich jetzt wenig Zeit hatte und weil ich alle Tage an die liebe Mama geschrieben habe, wenn sie bei Euch in Ofen war. Ich sehne mich sehr nach Euch und möchte sehr gerne die liebe Mama begleiten, um Euch wiederzusehen, allein ich kann jetzt noch nicht von hier weg, da es noch zu viele dringende Geschäfte gibt.
Besonders Übermorgen, an Deinem Geburtstage wird es mir sehr schwer Dich nicht zu sehen und Dir nicht selbst Glück wünschen zu können. Ich werde viel an Euch denken und für Dich beten. Durch diese Zeilen wünsche ich Dir alles mögliche Glück und Gottes besten Segen. Vor Allem aber, daß Du einst bessere Zeiten erlebest, als wie sie mir beschieden wurden. Ich hoffe, Du wirst der lieben Mama und mir immer Freude machen, recht muthig, männlich und fleissig sein.
Die Mama hat mir Gestern ein sehr hübsches Bild von der Villa Kochmeister[1] geschenkt, so daß ich mir jetzt eine genaue Vorstellung von Euerer Wohnung machen kann.
Hier sind wir jetzt ganz von sächsischen Truppen umgeben, die in allen den Dörfern in der Gegend liegen und von welchen einige alle Tage vor dem Schloß vorbei auf die Schmelz zum Exerziren marschiren. Hier in Schönbrunn liegt jetzt das 28. Jäger Battaillon, welches aber sehr viele Leute bei Trautenau[2] und Königgrätz[3] verloren hat, auch keine Röcke hat, da es bei Trautenau die Tornister, in welchen dieselben waren, zum Sturm ablegte und nicht mehr zu ihnen gekommen ist, so daß die Leute jetzt immer in Mänteln sind. In Wien sind jetzt die Regimenter: Kaiser, Eh. Karl[4], Nassau[5] und Karl Salvator[6], das 5. Jäger Bataillon und Karl Uhlanen.
Ich bitte Dich, Deine Herrn von mir zu grüßen und indem ich Dich mit Gisela von ganzem Herzen umarme, bleibe ich Dein Dich innigst liebender

Papa

1 In dieser Villa nahmen die Kaiserkinder des öfteren Quartier, wenn sie in Ofen waren.
2 Bei Trautenau errang die österreichische Armee den einzigen Sieg im Feldzug gegen die Preußen.
3 In der Schlacht bei Königgrätz am 3. Juli 1866 erlitt die österreichische Armee eine schwere, kriegsentscheidende Niederlage.
4 Benannt nach Erzherzog Karl, dem Bruder Kaiser Franz' I. und Besieger Napoleons
5 Benannt nach Prinz Friedrich August Nassau-Usingen
6 Der zweite Sohn des Großherzogs Leopold II. von Toskana

Nach dem verlorenen Krieg von 1866 wurden die Verhandlungen mit den Ungarn fortgesetzt und abgeschlossen. Die Kaiserin spielte dabei eine wesentliche politische Rolle. Das Vertragswerk, das im Februar 1867 zustande kam, wird als »Ausgleich« bezeichnet. Aus dem Österreichischen Kaiserreich wurde die Doppelmonarchie Österreich-Ungarn.
Am 8. Juni 1867 wurde Franz Joseph in Budapest zum König, seine Gemahlin zur Königin von Ungarn gekrönt. Nach einem Aufenthalt in Ischl, in Neapel und in der Schweiz begab sich Elisabeth im Frühjahr 1868 in ihr geliebtes Jagdschloß Gödöllö, wo sie der Kaiser, der zwischen Wien und Budapest hinund herpendelte, mehrere Male besuchte.

14 Ofen, den 12. Mai 1867

Lieber Rudolph,

Innigst danke ich Dir für Deinen lieben Brief vom 9., den ich erst heute beantworten kann, weil ich dieser Tage Vormittags immer viel zu thun hatte und Nachmittag Vorgestern beim Wettrennen und Gestern in Gödöllö[1] war. Jetzt beantworte ich alle Fragen die Du in Deinem Briefe stellst. Wir sind sehr glücklich

hier angekommen, nur war es sowohl auf der Eisenbahn, als auch bei der Fahrt vom Bahnhof in das Schloß sehr heiß und staubig. Éljengeschrei war sehr viel und außerdem wurden eine Menge Blumen geworfen, so daß der Wagen ganz voll davon wurde und wir in Ofen nur mühsam aussteigen konnten. In der Villa Kochmeister waren wir noch nicht, aber ich denke, daß, wenn die Wettrennen vorüber sind, die Mama mich hinführen wird. Wie oben gesagt, habe ich Gestern der Mama Gödöllö gezeigt. Wir fuhren um 3 Uhr von hier weg und waren in 1½ Stunden dort, da jetzt die Straße gut ist. Nur waren Hitze und Staub sehr lästig. Wir besichtigten das Schloß, in welchem jetzt sehr fleissig gearbeitet wird und gingen dann im Garten spazieren, der sehr groß und schattig ist. Nach 8 Uhr waren wir wieder hier. Die Truppen habe ich noch nicht angesehen. Ich will keine Parade abhalten, da jetzt viele Rekruten hier sind und die Truppen in kleineren Abtheilungen exerziren und sehr beschäftigt sind und ich sie in ihrer Arbeit nicht stören will. Aber ich werde einen dieser Tage zum Exerziren reiten. Wenn es in Schönbrunn so heiß ist, wie hier, so wirst Du bald schwimmen können.
In den letzten Tagen dieser Woche komme ich zu Euch zurück und freue mich schon unendlich, Euch wiederzusehen.
Bis dahin umarme ich Dich und Gisela in Gedanken von ganzem Herzen und bleibe Dein Dich innigst liebender

Papa

Den Großeltern küsse ich die Hände, Deinen Herrn freundliche Grüße.

1 Ein ca. 30 km nordöstlich von Budapest gelegenes Schloß mit Parkanlage, das die Ungarn 1867 dem Kaiserpaar zum Krönungsgeschenk machten

15   Ofen, den 29. März 1868

   Lieber Rudolph,
Herzlichst danke ich Dir für Deinen lieben Brief vom 25., der mich sehr freute. Ich denke sehr viel an Euch und sehne mich schon danach, Euch wiederzusehen, kann aber noch gar nicht bestimmen, wann ich wieder nach Wien komme. Daß das Reiten gut geht und Dich freut, ist mir sehr lieb. Wenn Du rechte Fortschritte machst, können wir vielleicht schon im Sommer zusammen spazieren reiten. Aber auch in den übrigen Studien hoffe ich, daß Du recht fleissig bist, wovon ich mich bei meiner Rückkehr überzeugen werde. Seit ich Gisela geschrieben habe, hatten wir immer kaltes und regnerisches Wetter, auch sind die Berge mit frischem Schnee bedeckt.
Tante Marie[1] ist Donnerstag beim Reiten recht naß geworden, konnte Freitag wegen zu schlechtem Wetter gar nicht reiten und mußte Gestern auch bald wieder aufhören, weil der Wind zu stark und zu kalt war. Ich konnte sie noch gar nicht begleiten, weil ich die letzten Tage sehr viel zu thun hatte und Gestern in Gödöllö auf der Jagd war. Ich fuhr um 7 Uhr Früh von hier weg, mit denselben Pferden bis Gödöllö, wo ich die anderen Schützen fand und von dort fuhren wir noch eine Stunde weit mit dortigen Wägen in einen Wald, der nicht zur Herrschaft gehört, wo aber die Jagd seit vorigem Jahre für mich gepachtet ist. Es ist die schönste Gelegenheit für Schnepfen, die ich je gesehen habe, auch steht viel Hochwild dort. Wir waren 10 Schützen, nemlich alle meine Adjutanten, Königsegg, Fürst Liechtenstein[2], Fmz. Pokorny[3] und Waldstein[4]. Wir nahmen 27 Triebe und erlegten 36 Schnepfen[5], 3 Füchse und einen Sperber. Eine Wildkatze wurde von Königsegg und Paar[6] leider nur angeschossen, ohne daß wir das herrliche Thier finden konnten. Ich habe 7 Schnepfen und einen Fuchs geschossen,

Bellegarde[7] erlegte 9 Schnepfen. Die Jagd war sehr gut eingetheilt, vortrefflich geführt und sehr unterhaltend. Um ½7 Uhr Abends bin ich hierher zurückgekommen.

Schreibe mir, was Du aus der Gegend von Wien über Schnepfen und Schnepfenjagden erfährst, denn ich höre gar nichts davon. Der lieben Mama geht es sehr gut und sie geht viel im Garten spazieren, auch hatten wir einige kleine Diners im kleinen Eßzimmer, wo die neuen Bilder am Tage vor Euerer Abreise aufgehängt wurden.

Jetzt muß ich schließen, um zu arbeiten. Mit der lieben Mama küsse ich Dich und Gisela von ganzem Herzen. Den Großeltern küssen wir die Hände, Deine Herrn grüße ich freundlichst und bleibe Dein, Dich innigst liebender

Papa

1 Schwester der Kaiserin, Exkönigin von Neapel-Sizilien
2 Fürst Rudolf Liechtenstein, ein berühmter Reiter und Kavalier, Flügeladjutant des Kaisers
3 Hermann Pokorny, General der Kavallerie
4 Graf Josef Waldstein-Wartenberg, Adjutant des Kaisers
5 Stelzvogel, der in zahlreichen Arten vorkommt. Die Schnepfenjagd findet im Frühjahr und Herbst statt.
6 Graf Eduard Paar, Generaladjutant des Kaisers
7 Graf August Bellegarde, Generaladjutant

16   Ofen, den 7. April 1868

Lieber Rudolph,

Vom ganzen Herzen danke ich Dir für Deinen langen interessanten, böhmischen Brief[1] vom 2. und ebenso Gisela für ihren lieben, französischen vom selben Tage. Gestern früh erhielt auch die liebe Mama Deinen letzten Brief und wir freuten uns sehr, oft und ausführlich, und immer so gute Nachrichten von Euch zu erhalten. Ich bin schon sehr neugierig Dich reiten zu sehen. Nach Allem was ich höre, machst Du schon große Fortschritte und da Du selbst Freude daran hast, so wird es gewiß bald recht gut gehen. Daß Du auch bei den anderen Lektionen fleißig bist, freut mich sehr und ich erwarte, daß Du in Deinem Eifer nicht erkalten wirst.

Wir haben jetzt hier das schönste Wetter und es ist so warm, daß man den ganzen Tag die Fenster offen lassen kann und Mama mit der Tante Marie vor dem Hause bis spät Abends im Freien sitzen kann.

Vor einigen Tagen bin ich über Palota[2] bis gegen Fóth geritten was in dem weichen Sandboden sehr angenehm ist. Samstag war ich zum letzten Male auf der Jagd in Gödöllö, auf dem nemlichen Platze, wo wir die 2. Jagd abgehalten hatten und damals 36 erlegten. Dießmal waren schon viel weniger Schnepfen da, so daß wir in 27 Trieben nur 16 schoßen. Außerdem wurden 3 Nachteulen erlegt und 2 Rehböcke angeschossen. Ich habe 3 Schnepfen und 2 Eulen geschossen.

Wir waren 11 Schützen, nemlich meine Adjutanten, außer Paar, der sich so stark aufgeritten hat, daß er nicht gehen kann. Königsegg, Fürst Liechtenstein, Waldstein und die 3 Minister Andrássy[3], Wenkheim[4] und Lonyay[5]. Um 1 Uhr Früh fuhr ich von hier weg und um ¾ auf 7 Uhr Abends kam ich wieder zurück. Gestern habe ich hier im Schloßgarten einen Schnepf aufgegangen, der aber leider aus dem Garten hinauszog, sonst hätte ich ein Gewehr geholt, um ihn zu schiessen. Ich danke Dir für Deine Nachrichten über die Wiener Schnepfenjagden und bitte Dich mir mitzutheilen, was noch weiter geschossen wurde.

Ich speise jetzt meistens mit der Mama und der Tante Marie allein und gebe nur von Zeit zu Zeit Herren Diners, wenn gerade Jemand einzuladen ist.

Ich sehne mich sehr danach, Euch wiederzusehen und hoffe, daß es in nicht zu langer Zeit der Fall sein wird.

Wenn das Wetter so schön bleibt, werden wir dann bald nach Schönbrunn gehen können. Mit der lieben Mama umarme ich Euch herzlichst und ich bleibe

Dein, Dich innigst liebender
Papa

1 In tschechischer Sprache abgefaßt. Der Kronprinz wurde seit seinem vierten Lebensjahr in dieser Sprache unterrichtet.
2 Ungarische Dörfer im Komitat Pest. Kaiser Franz Joseph erwähnt in seinen Briefen immer wieder verschiedene Dörfer in der Gegend rund um Budapest und Gödöllö.
3 Julius Andrássy, ungarischer Ministerpräsident
4 Baron Béla Wenckheim, ungarischer Finanzminister
5 Graf Melchior Lonyay, ungarischer Innenminister

17   Ofen, den 16. April 1868

Lieber Rudolph,

Morgen ist Dein Namenstag und ich kann denselben leider nicht mit Dir zubringen und nur in Gedanken mich in Deine und Giselas Nähe versetzen. Von ganzem Herzen wünsche ich Dir alles Gute, Gott erhalte und beschütze Dich und gebe es in Seiner Gnade, daß wir nur immer Freude und Trost an Dir erleben, wie es bis jetzt immer der Fall war. Sei nur recht pflichterfüllt, fleissig und genau im Lernen, thue nur was recht ist, so wirst Du ein braver, tüchtiger Mann werden. Ich hoffe, daß unsere Geschenke Dich freuen werden, welche Oberst Latour Dir in unserem Namen übergeben wird. Feldübungen, nach denen Du in Deinem letzten Briefe gefragt hast, habe ich jetzt hier nicht abgehalten, da die Truppen schwach im Stande sind, weil sie Urlauber weggeschickt haben und theilweise Rekruten bereits eingerückt sind, theilweise dieselben noch erwartet werden. Es muß daher in kleinen Abtheilungen gearbeitet werden und ich muß den Truppen Ruhe und Zeit zur Ausbildung lassen.

Vorgestern und Gestern bin ich mit der Tante Marie im Stadtwäldchen und gegen Palota geritten. Gestern hatte ich ein Diner mit einigen Herrn, sonst speise ich jetzt gewöhnlich allein mit der Mama und der Tante Marie. Bellegarde war über 8 Tage an Magenkatarh krank, ist aber wieder wohl, obwohl er noch sehr übel aussieht.

Wir haben jetzt hier immer schönes Wetter, aber noch rauhe Luft und oft Wind. Im Gebirge muß noch immer viel Schnee liegen, weil ich gar nichts von den Auerhahnen höre.

Jetzt lebe wohl, mein lieber Rudolph, indem ich meine Glückwünsche wiederhole, bleibe ich Dein Dich innigst liebender

Papa

Gisela umarme ich, den Großeltern küsse ich die Hände, Deinen Herrn recht viel Schönes.

Am 22. April 1868 gebar die Kaiserin in Ofen ihr jüngstes und letztes Kind. Es war ein Mädchen, das auf den Namen Marie Valerie getauft wurde. Der Kronprinz wurde vom Papa über den Familienzuwachs ausführlich informiert (Brief Nr. 18). Die Beschreibung der kleinen Valerie, die Franz Joseph dem neunjährigen Rudolph gab, ist eine Köstlichkeit für sich. Auch die Taufe der Kleinen beschreibt der Kaiser ausführlich und launig. Als Taufpatin fungierte Königin Marie, die Schwester Elisabeths. Die Kaiserin entfaltete für dieses Kind eine allumfassende, geradezu hysterische Mütterlichkeit. Sie blieb nach der Geburt mit Valerie noch etwa zwei Monate in Budapest und begab sich dann mit ihr nach Bayern, kehrte aber mit ihrem »ungarischen

Kind« immer wieder nach Ungarn zurück. Der Kaiser besuchte seine Gemahlin des öfteren, erledigte von Ofen aus seine Amtsgeschäfte (Sitzungen, Verhandlungen, Audienzen) und frönte seiner Jagdleidenschaft. In seinen Briefen an Rudolf ist davon immer wieder die Rede.

18 Ofen, den 28. April 1868

Lieber Rudolph,

Die liebe Mama hat mich beauftragt, Dir für Deinen Brief vom 24., der uns sehr gefreut hat, zu danken. Ich freue mich unendlich, Euch Freitag Früh nach so langer Zeit wiederzusehen und hoffe Euch recht wohl wiederzufinden. Anfang der nächsten Woche werde ich mit Euch nach Schönbrunn ziehen und ich lasse daher den Obersten Latour bitten, Euere Zimmer lüften und heitzen zu lassen.
Der kleinen Schwester und der lieben Mama geht es, Gott lob, sehr gut, aber sie werden noch nicht so schnell nach Wien reisen können, weil die Kleine noch zu klein ist und sich erst an die Luft gewöhnen muß, was auch erst in einiger Zeit geschehen kann. Jetzt kommt sie noch nicht aus den Zimmern. Sie schlaft in Deinem Schlafzimmer und wird in Deinem Salon gewaschen. Wenn das in der Früh fertig ist, wird sie zur Mama getragen, wo sie bis 7 Uhr Abends bleibt und sehr oft und mit großer Passion von der Amme trinkt.
Jetzt muß ich Deine Fragen beantworten. Wir nennen die Schwester Valérie, weil das ein sehr hübscher Name ist. Sie ist recht hübsch, hat große dunkelblaue Augen, eine noch etwas zu dicke Nase, sehr kleinen Mund, ungeheuer dicke Backen und so dichte dunkle Haare, daß man sie jetzt schon frisiren könnte. Auch am Körper ist sie sehr stark und sie schlagt sehr frisch mit

Händen und Füssen herum. Sie schreit sehr selten, hat aber eine kräftige Stimme. Sie kanonirt öfter und dann stinkt sie meistens ein wenig, was bei kleinen Kindern nicht anders möglich ist.

Die Tante Marie reitet jetzt nicht, weil sie immer bei der Mama bleibt, da ich wegen sehr vielen Geschäften nur wenig Zeit mit der Mama zubringen kann. Ich hatte alle Tage lange Sitzungen und mußte auch viele Leute empfangen. Nur Gestern hatte ich mehr Zeit und da bin ich im Stadtwäldchen und auf der Puszta geritten. Tante Marie war sehr erfreut, Taufpathin zu sein und sie sah bei der Taufe sehr schön aus und antwortete dem Primas[1] recht gut ungarisch. Ich hatte ihr die bei der Taufe nothwendigen Worte einstudirt, wie einem Paperl. Von der Taufe wird Euch wohl Onkel Karl[2] und Onkel Nando[3] erzählt haben. Sie fand im großen Saale statt, der sehr schön als Kirche hergerichtet war. Es waren sehr viele Herrn und Damen in großer Galla dabei und der Primas war von einer ganzen Schaar von Bischöfen und Geistlichen umgeben, auch der dicke Wenkheimische Geistliche, der immer in Ischl ist.

Die Kleine hat recht stark geschrieen. Sie war sehr schön in einem Lila Kleid angezogen und wurde von Hohenlohe[4] getragen. Wie die Taufe vorbei war ist sie zur Mama zurückgetragen worden und dann ist ein Tedeum gesungen worden. Zum Schluß hielt der Primas an mich eine ganz besonders schöne ungarische Rede und brachte ein Éljen aus, in das alle Anwesenden mit einstimmten. Um ½7 Uhr gab ich der Tante Marie und den Erzherzogen ein Familiendiner und dann bin ich noch mit Tante Marie ins Theater gefahren, wohin auch meine Brüder[5] und Onkel Nando kamen.

Vorgestern gab ich im großen Saale ein großer Diner für alle Großen des Landes und für die aus Wien gekommenen Deputationen. Gestern Früh um 7 Uhr bin ich auf den Mauervorsprung vor dem Schloße, auf dem Du das Tagerl[6] angeschossen hast, hinausgegangen, um den Onkel Ludwig auf dem Dampfschiffe nach Konstantinopel abfahren zu sehen. Wir begrüßten uns von Weitem mit den Kappen. Bei der Beschreibung der Kleinen vergaß ich zu sagen, daß Alle finden, daß sie Euerer verstorbenen Schwester Sophie[7] ganz ähnlich sieht. Mit der lieben Mama umarme ich Euch von ganzem Herzen. Den Großeltern küssen wir die Hände. Mit der frohen Hoffnung Euch sehr bald wiederzusehen

              Dein, Dich innigst liebender
                      Papa

1 Primas von Ungarn war der Erzbischof von Gran (ung. Esztergom), János Simor, der 1867 in der Mathiaskirche auch die Krönungsfeierlichkeiten zelebriert hatte.
2 Karl Ludwig, ein Bruder des Kaisers
3 Ferdinand IV., Großherzog von Toskana, der »Nando« genannt wurde
4 Fürst Constantin Hohenlohe, Obersthofmeister des Kaisers
5 Karl Ludwig und Ludwig Viktor
6 (Alpen-)Dohle oder ein anderer (Raben-)Vogel (Wörterbuch der bairischen Mundarten in Österreich, Wien, 25. Lieferung 1987, S. 472)
7 Sophie starb am 29. Mai 1857.

19   Ofen, den 28. November 1868

Mein lieber Rudolph,

Für Deinen lieben Brief vom 24., der mich sehr gefreut hat, danke ich Dir von ganzem Herzen, eben so danken wir Gisela für ihren Brief an die liebe Mama. Sie wollte ihn Gestern beantworten, mußte aber so viele andere Briefe schreiben, daß sie nicht mehr dazugekommen ist und wird daher Heute oder Morgen an Gisela schreiben.
Ich hätte Dir auch schon früher geantwortet, wenn ich nicht gerade diese Tage, seit wir in der Stadt sind, besonders viel zu

thun gehabt hätte. Ich mußte eine Menge Leute sehen, Audienzen geben, Sitzungen halten und alle Tage ein größeres Diner mitmachen, so daß mir keine Zeit zum Schreiben blieb. Wir gaben 2 ganz große Diners, für die Mitglieder der Delegationen[1], im großen Saal, wobei eine Militär und eine Zigeuner Musik spielten. Es dauerte beide Male sehr lang, da wir nach dem Essen mit sehr vielen Leuten sprechen mußten. Vorgestern waren wir im ungarischen Theater, wo eine Oper sehr schlecht gegeben wurde. Sonst waren wir gar nicht aus und nur im Garten spazieren. Valérie fährt alle Tage ins Stadtwäldchen, wo sie bei schönem Wetter auch herumgetragen wird. Die vielen Menschen und Wägen in der Stadt und besonders die, dem Wagen nachlaufenden Gassenbuben unterhalten sie sehr.

Die Reise von Gödöllö herein, haben Mama und Valérie sehr schnell und gut zurückgelegt. Die Kleine kam sehr heiter hier an und hatte eine besondere Freude an ihren schönen Zimmern und den bunten Tapeten.

Gestern schenkte ihr Mama 2 weiße Kaninchen, mit denen sie in der Gehschule spielt. Ich bitte Dich, sage Latour, er möchte so gut sein, den großen Bücherkasten, den Du zu Weihnachten wünschest, zu bestellen. Heute werde ich mit meinen Herren nach Kerepes[2] auf die Jagd fahren, da noch ziemlich viele Füchse dort sein sollen. Nun lebe wohl, mein lieber Rudolph, sei brav und lerne fleissig und denke oft an Deinen, Dich innigst liebenden und Dich mit Gisela umarmenden

Papa

---

[1] Parlamentsausschuß von je 60 Mitgliedern der Parlamente beider Reichshälften, der jährlich zur Besprechung gemeinsamer Angelegenheiten zusammentrat. Der wichtigste und umstrittenste Teil der sich jährlich wiederholenden Verhandlungen war die Bewilligung des gemeinsamen Budgets.
[2] Mehrheitlich slowakisches Dorf, 3 Meilen von Pest entfernt. Eine Meile = 7 585 m.

20 Ofen, den 13. Dezember 1868

Lieber Rudolph,

Endlich komme ich dazu, Dir für Deine lieben Briefe vom 6. und vom 7. zu danken, die mich und die liebe Mama sehr freuten. Unsere Verzeihung für das, worin Du etwa gegen uns gesündigt hast, geben wir Dir von ganzem Herzen. Übrigens hast Du uns durch Deine Aufführung immer nur Freude gemacht und ich bin überzeugt, daß Deine letzte Beichte Dich wieder in Deinen guten Vorsätzen bestärkt hat, ein braver und tüchtiger Mensch zu sein. Auch Gisela danke ich herzlichst für ihren lieben Brief vom 10. Ich habe euch so lang nicht schreiben können, weil ich diese letzte Zeit ganz besonders beschäftigt war. Jetzt seit Schluß des Landtages[1] geht es etwas leichter, obwohl ich auch täglich Sitzungen wegen Errichtung der Landwehr habe.[2] Der Schluß des Landtages im großen Saale war recht schön und habe ich dabei eine lange ungarische Rede gehalten. Die Mama war auf der nemlichen Tribüne, die ihr beim Krönungsbankett benützt habt. Am Abend desselben Tages gaben wir eine große Soirée mit vielen Hundert Personen, die bis ½11 Uhr dauerte. Seitdem haben wir täglich Diners mit einigen Gästen.

Es freut mich sehr, daß Du auf Deinen Thiergarten Jagden so glücklich warst. Ich war Vorgestern mit Onkel Joseph[3], Fürst Liechtenstein und meinen Herrn auf der Jagd in Szt. György[4] und Mártonbereg[4], wo wir Schnee fanden und einen sehr schönen, aber recht kalten Tag hatten. Wir erlegten ein Thier[5], einen Fuchs und 29 Hasen, wovon ich das Thier, den Fuchs und 10 Hasen schoß. Außerdem schoß ich noch einen Fuchs und Fürst Liechtenstein ein Thier an und 5 Füchse, die noch gesehen wurden, kamen unglücklicher Weise nicht zum Schuße. Im letzten Trieb sah ein Treiber eine Wildkatze in eine große, hohle Eiche kriechen. Wir versuchten mittels Feuer, Rauch und allem möglichen Spektakel sie heraus zu treiben, mußten es aber nach langem Warten aufgeben.

Valérie ist, Gott lob, sehr wohl und wird täglich lustiger und ungezogener. Sie fahrt auch bei kaltem Wetter täglich ins Stadtwäldchen, wo sie herumgetragen wird. Der plötzliche Tod des armen Balassa[6] wird auch Euch leid gethan haben. Mama hat es sehr angegriffen. In einigen Tagen hoffe ich Euch wiederzusehen, worauf ich mich unendlich freue. Bis dahin umarme ich Euch in Gedanken, lasse den lieben Großeltern die Hände küssen und bleibe Dein, Dich innigst liebender

Papa

1 Die Ungarn hatten seit 1867 eine eigene Volksvertretung.
2 1869 wurde in den beiden Reichshälften neben der aktiven Armee eine Landwehr geschaffen.
3 Erzherzog Josef Karl Ludwig aus der ungarischen Linie der Habsburger wurde 1869 Oberbefehlshaber der ungarischen Honvédarmee (Landwehr).
4 Orte im Komitat Pest (St. Georg und St. Martin); Bereg = Landschaft mit Sträuchern
5 Hirschkuh
6 Dr. Johann Balassa, Arzt

21   Ofen, den 8. April 1869

Lieber Rudolph,

Leider komme ich erst Heute dazu Dir zu schreiben und Dir für Deinen Brief vom 4. und Gisela für ihren vom 1. zu danken, die mich Beide sehr freuten und die liebe Mama und mich sehr interessirten. Die Schnepfenjagden und die vielen Arbeiten die ich dann immer beim nach Haus kommen fand, machten mir es unmöglich, einem von Euch zu schreiben. Desto mehr habe ich an Euch gedacht und ich sehne mich sehr danach, Euch wiederzusehen, was wahrscheinlich in einigen Tagen in Wien der Fall sein wird.

Ich bin sehr erfreut über Deine schönen Schüsse auf die Cormorane die eine interessante Zierde Deiner Naturalien Sammlung sein werden.[1] Ich hätte nicht geglaubt, daß es deren im Prater so viele gibt. Heuer waren die Schnepfenjagden wirklich sehr gut, trotz der vorgerückten Jahreszeit und der schon bedeutenden Hitze. Das Wetter ist fortwährend schön und mild, nur einige Male hat es in der Nacht geregnet, und es ist schon Alles ziemlich grün. Jetzt dürfte es auch mit den Schnepfenjagden aus ein, denn bei dem letzten Versuche, den ich Vorgestern Nachmittag mit nur 5 Herrn in Kerepes machte schossen wir nur mehr 7 Schnepfen. Ich war zuerst durch 3 Tage, nemlich am 31. März, 1. und 2. April in Gödöllö, und wir jagten in Valkó, wo viele Schnepfen waren, aber schlecht geschossen wurde mit folgendem Resultat:

ich	11	1 Eule, 1 Sperber
Nando	5	
Joseph	1	1 Eule
Fürst Liechtenstein	4	
Graf Andrássy	3	1 Rephuhn
Baron Wenkheim	4	1 Rephuhn
Graf Bellegarde	5	1 Sperber
Graf Széchényi[2]	4	1 Eule
Bechtolsheim[3]	1	
Mittrowsky[4]	5	
	43	

Außerdem wurden von dieser Jagd bei der nächsten, dort abgehaltenen, noch ein Schnepf aufgefunden. Am 1. jagten wir in dem neu angekauften, von Gödöllö 2½ Stunden entfernten,

sehr schönen Wald von Mácsa, wo es schon sehr trocken war und daher die meisten Schnepfen schon weg waren.
... *(Es folgt eine Liste mit dem Jagdergebnis.)*
Am 2. jagten wir zuerst in Kerepes, wo wir ziemlich Schnepfen fanden und Nachmittag in den 7 Trieben von Mártonbereg, wo wir die meisten Schnepfen vereinigt antrafen. Geschossen wurde ausgezeichnet und es wurden in Kerepes 12 und in Mártonbereg 22 Schnepfen erlegt.
... *(Jagdergebnis im Detail)*
Ich glaubte es würde nun aus sein, allein es kam die telegraphische Nachricht, daß wieder Schnepfen da seien und so fuhren wir am 5. wieder hinaus und jagten zuerst in Mártonbereg, wo 14 und dann in Valkó, wo 29 Schnepfen geschossen wurden.
... *(Jagdergebnis im Detail)*
Außerdem wurde bei der Jagd am 4., ein, wahrscheinlich angeschossener Schnepf von einem Kutscher mit der Peitsche erschlagen, so daß im Ganzen 158 erlegt wurden, was immer ganz hübsch ist. Wir sahen auch Hochwild, einige Rehe und Füchse, die aber nicht geschossen werden durften, um sie für den Herbst aufzuheben und 2 Katzen, die aber leider nicht zum Schuß kamen. Jetzt sind Wölfe bei Gödöllö, die das Wild sehr beunruhigen und schon einige Stücke in die Dörfer versprengt haben, wo man sie fing, aber leider bis jetzt noch nicht einmal gesehen oder gespürt wurden. Jetzt muß ich diesen langen Brief schliessen um zu arbeiten. In der Hoffnung Euch bald wiederzusehen, umarme ich Euch und bleibe Dein, Dich innigst liebender

Papa

Mama küsst Euch und wir küssen den Großeltern die Hände. Valérie ist sehr wohl und lustig.

[1] Der Kronprinz bekundete schon als Knabe großes Interesse für die Natur-

wissenschaften und verfügte über eine ansehnliche Tiersammlung. Er wurde später unter der Anleitung des weltbekannten Zoologen Dr. Alfred Brehm ein anerkannter Ornithologe.
2 Graf Béla Széchényi, Mitglied des ungarischen Reichstages
3 Freiherr Anton Bechtolsheim, Flügeladjutant des Kaisers
4 Graf Josef Mittrowsky, General, Bekannter der Kaiserin

Sommer 1869: Die Kaiserin ist mit ihrer jüngsten Tochter wieder einmal auf Reisen, der Kronprinz und Gisela sind in Ischl, und Franz Joseph ist allein in Wien und einsam. Erst am 18. August, zu seinem Geburtstag, wird die Familie in Ischl (für kurze Zeit) wieder beisammen sein.

22   Wien, den 16. Juli 1869

Lieber Rudolph,

Herzlichst danke ich Dir für Deinen lieben Brief vom 14., den ich Gestern erhielt. Es freut mich sehr, daß Ihr Euch am schönen Langbathsee[1] gut unterhalten habt, nur fürchte ich, daß Euch das schlechte Wetter früher von dort vertrieben haben wird, als Ihr wolltet. Wenigstens hier haben wir seit Vorgestern stürmisches, kaltes Wetter.
Ich bedauere sehr, daß Du, trotz beneidenswerthen Anlaufes, auf der Jagd Alles gefehlt hast, und hoffe nur, daß Du auf künftigen Jagden, zu denen es wohl noch Gelegenheit geben wird, besser schiessen wirst. Es ist eben etwas Anderes zahme Thiere im langweiligen Thiergarten zu schiessen und echtes Wild im herrlichen Gebirge zu erlegen. Die Hauptsache ist aber, den Muth nicht zu verlieren und bei jeder neuen Jagd von der Überzeugung auszugehen, daß man treffen muß.
Von der lieben Mama, die mir sehr fleißig schreibt, und von Valérie habe ich sehr gute Nachrichten.[2] Letztere reitet täglich

auf dem Pony im Walde spazieren und nimmt von Tag zu Tag an Gesundheit zu. Einmal ist sie auch schon mit Mama auf dem See gefahren.

Ich möchte sehr gerne bald zu Euch nach Ischl kommen, weis aber noch nicht, wann ich von hier weg kann, da die Delegationen erst beginnen.[3] Ich werde sie Morgen feierlich empfangen und muß dann noch einige Tage zusehen, wie sie sich entwickeln, ehe ich abreisen kann. Ins Lager[4] muß ich auch noch einmal, um die Brigade manövriren zu sehen, die seit einigen Tagen dort ist und bis 1. August bleibt, wo die großen Manöver mit 3 Divisionen anfangen. Ich hoffe aber im Laufe der nächsten Woche nach Ischl kommen zu können.

Ich bin hier sehr einsam und sehne mich sehr nach Euch. Indem ich Dich und Gisela von ganzem Herzen umarme und Deine Herrn freundlich grüße, bleibe ich Dein, Dich innigst liebender

Papa

1 Vorderer und Hinterer Langbathsee in Oberösterreich im Brunnkogel- und Feuerkogelgebiet. Der Kaiser hatte dort eine Jagdhütte.
2 Die Kaiserin hielt sich mit ihrer jüngsten Tochter auf Schloß Garatshausen in Bayern auf, das ihrem Bruder Ludwig gehörte.
3 Die Verhandlungen fanden, jährlich abwechselnd, in Wien und Budapest statt.
4 Gemeint ist das Militärlager in Bruck an der Leitha.

23   Laxenburg, den 7. August 1869

Lieber Rudolph,

Endlich komme ich dazu, Deinen lieben Brief vom 1. zu beantworten, der mich sehr gefreut hat und für welchen Dir wohl schon Gisela in meinem Namen gedankt haben wird. Auch

freute es mich sehr von Dir zu hören, daß Du immer fleißig gelernt hast und daß Du mit Walterskirchen[1] immer französisch sprichst. Ich hoffe, daß Du es durch fleißige Übung in dieser Sprache zur selben Vollkommenheit wie Gisela bringen wirst. In Offensee[2] müßt Ihr zwei angenehme Tage zugebracht haben, wenn das Wetter dort so schön war wie hier und ich hoffe, daß Du endlich einmal etwas geschossen hast. Hier war es bis Gestern Abend, wo ein Gewitter mit Regen die Luft abkühlte, wieder sehr heiß. Besonders in der Stadt, wo ich die meisten Vormittage zubringen muß, ist die Hitze recht unangenehm gewesen.
Ich bade alle Tage, aber das Wasser ist zu warm und weich und erfrischt lange nicht so wie das herrliche Gebirgswasser.
Berchtolsheim geht hier sehr oft auf die Jagd und schießt ziemlich viele Repphühner. Ich warte mit dem Jagen, bis ich wieder im Gebirg den Stutzen ergreifen kann.
Kundrat[3] ist von Eisenerz zurückgekommen, wo er einige Vorbereitungen für die Jagden zu treffen hatte, und sagt, daß der Stand an Hochwild und Gemsen ein ungeheurer ist, so daß alle Hoffnung für vortreffliche Jagden vorhanden ist. Mühlbacher[4] sah auf einem einzigen Schlage 70 Stück Hochwild äsen!!
Übermorgen Früh will ich nach Bruck in das Lager und dort bis Mittwoch Nachmittag bleiben. Die Truppen sind dort, trotz der Hitze, sehr fleißig.
In 8 Tagen hoffe ich wieder bei Euch sein zu können, wenn die Verhandlungen der Delegationen mir bis dahin erlauben, von hier weg zu gehen und würde ich dann mit Euch die liebe Mama erwarten, die spätestens am 17. in Ischl eintreffen will. Welche Freude, wenn wir wieder Alle beisammen sind!
Auf baldiges, frohes Wiedersehen, daher, mein lieber Rudolph; in Gedanken umarme ich Dich und Gisela und bleibe Dein, Dich von ganzem Herzen liebender
Papa

Den Großeltern küsse ich die Hände. Deinen Herrn meine besten Grüße.

1 Freiherr Max von Walterskirchen, ein Erzieher des Kronprinzen
2 See in Oberösterreich, südöstlich von Ebensee. Der Kaiser hatte dort ein Jagdschloß.
3 Carl Kundrat, k. k. Revierförster
4 Mühlbacher, k. k. Jäger

Im Winter 1870/71 bot die kaiserliche Familie das übliche Bild der Zersplitterung. Die Kaiserin verbrachte den Winter mit ihren Töchtern in Meran (vom 17. Oktober 1870 mit Unterbrechungen bis 5. Juni 1871). Sie war (auch dort) mehrere Male unpäßlich. Gisela und Marie Valerie vergnügten sich bei Kälte und Schnee im Freien. Der Kronprinz oblag mutterseelenallein in Wien seinen Studien und fand lediglich beim Schlittenfahren und im Theater ein wenig Zerstreuung. Der Kaiser ging in Ungarn seinen Regierungsgeschäften nach. Er gab in Ofen Audienzen und Diners, verhandelte mit den Delegationen. Seine karge Freizeit verbrachte er auf Schloß Gödöllö und in dessen wildreicher Umgebung.

Die Tage waren trüb, er führte ein einförmiges Leben. In seinen Briefen an Rudolf spricht er, der kaum je seine Gefühle äußerte, einige Male offen aus, daß er sich einsam fühlt.

Über das wichtigste politische Geschehen dieser Zeit, den Deutsch-Französischen Krieg, verlor er dem zwölfjährigen Kronprinzen gegenüber, der sich dafür brennend interessierte und für Frankreich Partei ergriff, kein einziges Sterbenswörtchen.

Ofen, den 1. März 1870

Lieber Rudolph,

Herzlichsten Dank für Deinen lieben, interessanten Brief vom 24., den ich Gestern erhielt und der Mama und mich sehr freute. Wir sind sehr froh, daß es Dir wieder besser geht und hoffentlich finde ich Dich ganz wohl, wenn ich wieder zu Euch nach Wien komme. Ich freue mich, daß Du fleißig lernest und hoffe, daß Deine Prüfung gut ausfallen wird.[1]
Valérie ist, Gott lob, immer ganz wohl und besonders lustig. Ihr Portrait schreitet sehr vorwärts und fängt an recht ähnlich zu werden. Ebenso wird Brave[2], der auf dem Bilde zu ihren Füssen liegt, recht gut. Er ist übrigens seit einigen Tagen krank. Heute fahre ich um ¾ auf 8 Uhr wieder mit der Eisenbahn nach Gödöllö, um in Babat auf Füchse zu jagen und komme zum Essen wieder zurück. Neulich waren wir in Kerepes nicht sehr glücklich. Wir fanden noch ziemlich viel Schnee, der stellenweise sehr laut[3] war und hatten anfangs recht dichten Nebel, der sich aber später verzog. Wir nahmen alle die gewöhnlichen Triebe, fingen aber mit dem weitesten an und nahmen die an der Straße zuletzt. Wir sahen 10 Füchse, von denen aber nur 3 erlegt wurden. Einen schoß ich, einen Bellegarde und einen Üxküll.[4] Außerdem schoß ich noch einen stark an und Wenkheim fehlte einen, die Anderen kamen nicht zum Schuß. 3 Thiere wurden auch gesehen und unendlich viele Hasen hätten wir schiessen können, wenn die Zeit für dieselben nicht schon vorbei wäre. Trotz des fortgesetzt warmen Wetters und des häufigen Sonnenscheines steht das Eis hier noch immer auf der Donau und auf dem offenen Fleck unter der Brücke sind immer Eisenten zu sehen.
Wenn das Wetter so bleibt, so können in 14 Tagen schon Schnepfen kommen und heuer kann es in Gödöllö gut werden,

denn schon lange hat es dort nicht so viel Schnee und Feuchtigkeit gegeben.

Jetzt Adieu, lieber Rudolph, mit Mama küsse ich Dich und Gisela und bleibe Dein, Dich innigst liebender

Papa

Den Großeltern küssen wir die Hände. Deinen Herrn viele Grüße.

1 Der Lehrplan des Kronprinzen entsprach zunächst dem der Volksschule und dann jenem des Gymnasiums mit zusätzlichen Fremdsprachen (Französisch, Ungarisch, Tschechisch). Über den durchgenommenen Lehrstoff mußte Rudolf von Zeit zu Zeit Prüfungen ablegen, denen oft auch der Kaiser beiwohnte, um sich von den Lernfortschritten des Sohnes zu überzeugen.
2 Name eines Hundes
3 Offenbar meint der Kaiser hartgefrorenen, knirschenden Schnee.
4 Graf Alexander Uexkuell-Gyllenband, Kavallerie-Offizier

25   Gödöllö, den 22. November 1870

Lieber Rudolph,

Innigsten Dank für Deinen lieben Brief vom 20., den ich Gestern erhielt. Es hat mich sehr gefreut, daß Du mir schon am Tage nach meiner Abreise geschrieben hast und ich benütze auch deßhalb den ersten freien Augenblick, um Dir zu antworten. Ich bedauere sehr, daß Du jetzt so einsam in Wien bleiben mußt und daß ich Dir nicht Gesellschaft leisten kann. Allein Du wirst diese Zeit mit gewohnter Pflichttreue zum fleißigem Studium nützlich verwenden und Weihnachten ist ja nicht mehr ferne, wo wir Alle wieder vereinigt sein werden.
Auch werde ich trachten, so bald als es mir möglich ist, nach Wien zu kommen.

Deine Bemerkung, daß Du Onkel Nando zum ersten Male arbeiten gesehen hast, hat viel des Richtigen. Auch in diesem Augenblicke ist er auf der Abend Pirsche, ebenso Bellegarde, während die anderen Herren auf den Teichen bei Iszaszegh auf einige große Steißfüße[1] jagen, die sich dort befinden und von denen schon Gestern Üxküll einen nebst einer Wasser Ralle erlegt hat. Heute habe ich einen Brief von der lieben Mama vom 18., also erst am vierten Tag, erhalten. Sie hatte eben einen Brief von Dir bekommen, für welchen, so wie für Deine guten Wünsche, sie Dir herzlich danken läßt.
Das Wetter war in Meran sehr schön, so daß Valérie jetzt immer Vormittag ausfährt und später schläft und ißt.
Ich bin Vorgestern um 4 Uhr Nachmittag mit Bellegarde, Krieghammer[2] und Üxküll von Ofen hierher gekommen. Onkel Nando kam in der folgenden Nacht um 1 Uhr und Gestern sind wir um ½6 Uhr Früh auf die Pirsche gefahren. Ich habe in St. Király ein Kalb geschossen, ein Thier und, bei einem kleinen Trieb, einen Hirsch sehr weit gefehlt, Onkel Nando hat in Mártonberek einen sehr starken Hirsch schlecht angeschossen und ist derselbe nicht zu bekommen. Bellegarde fehlte in Juharos ein Thier. Bei der Abendpirsche waren wir 3 wieder auf denselben Plätzen. Ich erlegte ein Thier, schoß einen Hirsch waidwund gut an, der hoffentlich Heute gefunden worden sein wird und fehlte noch ein Thier. Onkel Nando schoß 2 Thiere an. Heute Früh pirschten wir wieder auf denselben Plätzen, nur fuhren wir schon um 5 Uhr weg. Ich schoß zuerst vom Baume sehr weit auf ein Thier, von dem ich noch nicht weis, ob es getroffen ist, im pirschen erlegte ich einen der stärksten 14 Ender und schoß ein Thier stark an.
Onkel Nando erlegte ein Kalb und schoß wieder einen Hirsch an, Bellegarde fehlte ein Thier.
Gestern war es so warm, wie vor einem Jahre um diese Zeit in Egypten[3], Heute ist es kühler und Nachmittag regnet es ab-

wechselnd. Heute habe ich in St. Király einen Adler gesehen. Morgen ist Treibjagd in Babat, zu welcher bereits Heute Krauß Effendi[4] und Löhneisen[5] eingetroffen sind, während Joseph und noch einige Herrn Morgen Früh kommen.
Morgen Abend fahre ich nach Ofen, von wo ich aber bald wieder heraus zu kommen hoffe. Nun lebe wohl, mein lieber Rudolph. Ich umarme Dich von ganzem Herzen und bleibe Dein Dich innigst liebender

Papa

Den Großeltern küsse ich die Hände. Deine Herrn grüße ich.

1 Gattung der Wasservögel
2 Freiherr Edmund Krieghammer, Flügeladjutant des Kaisers
3 Franz Joseph unternahm Ende Oktober 1869 aus Anlaß der Eröffnung des Suezkanals eine Ägyptenreise, die ihn auch nach Jerusalem und Konstantinopel führte. In Ägypten bestieg der Kaiser unter anderem auch die Cheopspyramide.
4 Freiherr Alfred Krauss, General, späterer Statthalter in Böhmen
5 Freiherr Hilbert Löhneysen, General

26   Gödöllö, den 28. November 1870

Lieber Rudolph,

Von ganzem Herzen danke ich Dir für Deinen lieben Brief vom 25. aus dem ich mit großer Freude ersehen habe, daß Du wieder ganz wohl bist und wieder jagen und reiten darfst.
Das Wetter ist auch bei uns im Ganzen günstig. Nach einigen herrlichen, sonnigen Tagen, hatten wir ziemlich starken Nebel, der besonders in der Umgebung von Gödöllö dicht ist und da der Barometer gefallen ist, fürchte ich, daß wir Regen bekommen, was Heute unangenehm wäre, da wir um 8 Uhr nach Bag fahren wollen, um dort auf Füchse und Hochwild zu treiben.

Ich denke, Du wirst Dich gestern bei Renz[1] gut unterhalten haben. Daß Latour Dich hinführte, ist mir ein erfreuliches Zeichen, daß Du fleißig und gut studirt hast.
Von der lieben Mama habe ich viele Briefe bekommen und einen von Gisela. Es ist Alles sehr wohl in Meran und am 24., von welchem Tag der letzte Brief der Mama ist, den ich Gestern erhielt, war herrliches Frühlingswetter, so daß Valérie fast den ganzen Tag an der Luft war. Der König von Neapel und Tante Marie[2] sind auch am 24. in Meran angekommen.
Am 23. war die Jagd in Babat, zu welcher Onkel Joseph, Gablenz[3], Lonyay aus der Stadt gekommen waren. Es wurden ein Spießer[4], 1 Thier, 7 Füchse und 6 Hasen erlegt und 2 Füchse angeschossen. Ich schoß 3 Füchse. Das Wetter war herrlich, nur zu heiß.
Nach dem Diner fuhr ich um ½8 Uhr in die Stadt, wo ich den 24. arbeitend, sehr viele Audienzen gebend und Minister sprechend zubrachte und um ½6 Uhr ein Diner gab, nach welchem ich wieder hieher fuhr.
Am 25. pirschte ich Früh und Abends in St. Király, erlegte Früh 4 Thiere und 2 Kälber und schoß noch ein Thier an und schoß Abends 2 Thiere, gewiß ein enormes Resultat. Abends fuhr ich wieder nach Ofen, wo ich am 26. die beiden Delegationen feierlich empfing, einen Ministerrath hielt und um ½6 Uhr ein Diner gab, nach welchem ich um 8 Uhr wieder herausfuhr. Gestern blieb ich Vormittags, wegen des Sonntags zu Haus, war um 8 Uhr in der Messe und fuhr Nachmittag wieder nach St. Király auf die Pirsche, wo ich 1 Thier stark anschoß. Dasselbe thaten Onkel Nando in Valkó, Bellegarde in Juharos und Krieghammer in Babat, so daß 4 Thiere angeschossen wurden und Keines auf die Decke kam. Onkel Nando, der die ganze Zeit hier geblieben war und täglich Vor- und Nachmittag pirschte, hat Einiges erlegt und noch mehr angeschossen, so daß er ein ziemlich zahlreiches Spital gegründet hat.

Morgen Abend gehe ich wieder nach Ofen, wo ich Mittwoch und Donnerstag den Delegationen Diners im großen Saal gebe.
Nun lebe wohl, mein lieber Rudolph. Indem ich Dich von ganzem Herzen umarme, bleibe ich Dein, Dich innigst liebender

Papa

Den Großeltern küsse ich die Hände, Deinen Herrn die freundlichsten Grüße.

1 Gemeint ist der Zirkus Renz.
2 Franz II. von Neapel-Sizilien und seine Gattin Marie, eine Schwester der Kaiserin
3 Freiherr Ludwig Karl Gablenz, Feldzeugmeister
4 Einjähriges männliches Tier beim Rot- und Rehwild

27   Ofen, den 13. Jänner 1871

Lieber Rudolph,

Von ganzem Herzen danke ich Dir für Deinen lieben Brief vom 11., den ich Gestern erhielt und der mich sehr freute. Es thut mir sehr leid, daß Du wieder so allein bist und ich hoffe nur, daß Deine Studien und manchmal das Theater Dich zerstreuen werden.
Auch ich fühle mich hier sehr einsam und sehne mich nach dem Augenblicke, wo ich wieder mit Dir vereint sein kann. Der Winter ist auch hier, wie heuer überall, besonders traurig und streng. Es ist fast immer neblich und schneit sehr viel.
Wie mir die liebe Mama schreibt, von der ich hier schon zwei Briefe erhielt, ist es auch in Meran nach dem Sirocco[1] vom 7., wieder kalt geworden, was aber nicht hinderte, daß Valerie jeden Tag auf der Wasser Mauer spazieren ging. Die Mama läßt

Dir auch vielmals für Deinen Brief danken. Sie hatte einige Tage Schnupfen und mußte deßhalb zu Haus bleiben, war aber, als sie mir den letzten Brief schrieb, wieder recht wohl und auch schon wieder spazieren gewesen. Von Gisela erhielt ich auch endlich einen Brief, die mir auch die Hochzeit Thun Leon[2] beschreibt und sagt, daß das Wetter seit unserer Abreise sehr schön war.

Es freut mich, daß Du Dich in der Jüdin[3] gut unterhalten hast. Auch mir gefiel die Ausstattung sammt den 3 Schimmeln sehr gut.

Hier führe ich ein sehr eintöniges Leben. Ich arbeite und spreche Minister den ganzen Vormittag, mit Ausnahme einer Stunde, die ich im Garten promenire und um ½6 Uhr ist das Diner, wozu gewöhnlich mehrere Herrn von der Garnison, der Delegation und aus Pesth geladen sind.

Gestern speiste Joseph da, der erst von Jagden auf den Herrschaften seines Schwiegervaters[4] zurückgekommen ist und General Schweinitz[5], der von Wien gekommen ist, um mit dem Grafen Beust[6] zu sprechen.

Im Theater war ich noch nicht, da ich immer zu faul war, den langen Weg hinunter zu fahren.

Heute werde ich um 10 Uhr die Kadeten Schule in Pesth visitiren und Morgen will ich um ½8 Uhr Früh nach Iszaszegh fahren, um in St. Király und Mártonberegh auf Füchse zu jagen. Bis jetzt scheint es, daß die Delegationen doch nicht gar so lang dauern werden, als man fürchten mußte, so daß ich hoffe doch in nicht gar so ferner Zeit wieder in Wien sein zu können. Lebe wohl, mein lieber Rudolph, und schreibe bald wieder, Deinen, Dich innigst liebenden

Papa

Den Großeltern küsse ich die Hände.

1 Schirokko (ital: scirocco): ungewöhnlich warmer Südwind
2 Anton Graf Thun heiratete am 7. 1. 1871 in Mais bei Meran Sylvia Edle von Leon.
3 »Die Jüdin«, Oper von Jacques Fromental Halévy
4 Herzog August von Sachsen-Coburg-Gotha, mit dessen Tochter Klothilde Erzherzog Josef verheiratet war
5 Hans Lothar Schweinitz, preußischer General und Diplomat
6 Graf Friedrich Beust, Reichskanzler und k. u. k. Außenminister

28   Ofen, den 17. Jänner 1871

Lieber Rudolph,

Innigsten Dank für Deinen lieben Brief, den ich Gestern Früh erhielt und der mich sehr freute. Ich bin sehr froh, daß Dir das Schlittenfahren und das Concert einige Zerstreuung und Erheiterung in Deiner Einsamkeit boten. Vielleicht komme ich in einigen Tagen auf ein paar Tage nach Wien, da ich es aber noch nicht gewiß weis, ob ich hier wegkommen kann, so bitte ich Dich nichts davon zu sagen. Ich wäre sehr glücklich Dich wieder zu sehen, denn auch ich fühle mich hier sehr einsam und bei den immerwährend trüben Tagen, dem tiefen Schnee, der zugefrorenen Donau ist es recht melancholisch.
Von der lieben Mama habe ich jeden zweiten Tag einen Brief, von der Gisela keinen mehr, seitdem ich Dir geschrieben habe. In Meran ist es jetzt öfter stürmisch und Valerie konnte deßhalb einige Male nicht ausfahren, aber Gott lob ist sie ganz wohl.
Was Du mir von Bechtolsheim schreibst, hat mich sehr interessirt, denn ich wußte noch gar nicht, daß er so glücklich war, einen Bären zu erlegen.
Wir hatten neulich zur Jagd den einzigen schönen Tag der ganzen letzten Zeit. Es war kalt, windstill und der herrlichste Sonnenschein. Wir fuhren von Izsaszegh im Schlitten nach St. Kir-

ály, wo wir 4 Triebe machten, dann nach Mártonberek, wo 3 Triebe genommen wurden und zum Schluß wurde noch das Föhrendickicht bei Izsaszegh durchgetrieben. Wir sahen 13 Füchse, aber es wurde so schlecht geschossen, daß nur 3 Füchse und 21 Hasen erlegt wurden. Ich schoß einen Fuchs, schoß deren 3 an und fehlte einen, freilich kamen sie mir meistens sehr weit. Bellegarde erlegte 2 Füchse, Krieghammer schoß einen an und fehlte einen und Lobkowitz fehlte auch einen.

Die Wildkatze kam mir in St. Király beim Treiben ganz vertraut und immerwährend verhoffend, aber sehr weit. Ich ließ sie auf eine Blöße herauskommen und traf sie mit 2 Schüssen. Sie ging deßenungeachtet fort, ich lief ihr nach und als ich unter einer Eiche durchsprang, hörte ich ober mir im dürren Laub des Baumes etwas rascheln und das herrliche Thier fiel mit einem tüchtigen Plumpser verendet vom Baum zu meinen Füssen herab, worüber ich höchst erfreut und beruhigt war, denn da ich die Katze nicht aufbaumen gesehen hatte, fürchtete ich schon, sie würde mir, trotz dem, daß sie geschossen war, entkommen. Sie wog unaufgebrochen fast 15 ℔[1].

Heute wollte ich in Babat jagen, allein wegen einer Minister Conferenz mußte ich die Jagd absagen. Die Delegationen ziehen sich in die Länge, so daß ich wohl kaum vor Anfang Februar ganz nach Wien zurückkommen kann. Täglich gebe ich Diners mit einigen Gästen nebst den sehr zahlreichen im Hause wohnenden Ministern, Offizieren und Beamten. Im Theater war ich noch nicht, da ich zu faul war Abends den weiten Weg nach Pesth zu fahren. Nun lebe wohl, mein lieber Rudolph, auf hoffentlich baldiges Wiedersehen. Dein, Dich innigst liebender

Papa

Den Großeltern küsse ich die Hände.

1 Fünfzehn Pfund. Ein Wiener Pfund ist um diese Zeit etwa 560 Gramm gleichzusetzen.

29 Ofen, den 28. Jänner 1871

Lieber Rudolph,

Innigsten, herzlichen Dank für Deinen lieben Brief vom 25., der mich sehr freute. Die Jagd im Prater ist ja recht gut ausgefallen, obwohl ich dachte, daß man mehr Fasanen hätte schießen können.
Von der lieben Mama habe ich wenigstens jeden zweiten Tag, manchmal auch jeden Tag Briefe. Sie läßt Dich umarmen und Dir für Deinen Brief danken, den sie am 21. erhielt. Gott lob geht es ihr schon fast ganz gut und am 24. ist sie zum ersten Male ausgegangen. Valerie geht alle Tage spazieren und jetzt viel in den Straßen der Stadt, was sie sehr amüsirt. Einen Brief, den ich von Gisela erhielt, lege ich hier bei, damit Du ihn lesen kannst.
Die Schlittenfahrten müssen sehr unterhaltend sein und der Schnee, der nun in Meran schon 1 Monat liegt, scheint sehr tief zu sein. Auch die Mama schreibt mir von dem beständigen Schneien und der großen Kälte.
Hier ist es jetzt immer warm und neblig, so daß ich, seit ich von Wien zurück bin, die Sonne noch nicht gesehen habe. Gestern regnete es sehr viel und der Schnee, der noch in großen Massen vorhanden ist, fängt an zu schmelzen, so daß ich große Überschwemmungen befürchte, wie sie in Unter Ungarn auch schon theilweise eingetreten sind.
Die Delegationen arbeiten ziemlich langsam, aber ich hoffe doch in den ersten Tagen Februar nach Wien kommen zu können und einige Tage mit Dir zuzubringen, worauf ich mich schon sehr freue. Später möchte ich, wenn ich von Wien weg

kann, einen kurzen Abstecher nach Meran machen, um die liebe Mama und die Schwester wieder zu sehen.

Mittwoch war ich mit Joseph, Philipp Coburg[1] und meinen Herrn in Gödöllö. Wir fuhren nach 7 Uhr mit der Eisenbahn hinaus und dann in Schlitten auf die Jagd bei Kerepes, wo die gewöhnlichen Triebe genommen wurden. Es war sehr neblig und die Bäume voll Schnee und Anreim, später thauete es so, daß die Tropfen von den Bäumen fielen, also ein zur Fuchsjagd sehr ungünstiges Wetter. In Kerepes kam gar kein Fuchs zum Schuß und nur in der Remise[2] Haraszt, die wir dann nahmen, war ein Fuchs, der Üxküll auf 5 Schritte kam, von ihm aber mit 2 Schüßen gefehlt wurde. Es wurde dann ein Trieb im Fasangarten gemacht, auch ohne Fuchs, und das ganze Resultat der Jagd waren 29 Hasen, von denen ich 11 schoß. Nach 6 Uhr war ich wieder hier im Schloß.

Ich gebe jetzt wieder alle Tage Diners mit ungefähr 30 Personen, so daß außer den zahlreichen Hausbewohnern, immer noch einige Herrn von den Delegationen, oder aus Pesth und einige Stabsoffiziere der Garnison und der Landwehr mitspeisen.

In das Theater zu fahren, war ich bis jetzt noch immer zu faul, besonders bei den jetzt kaum fahrbaren, grundlosen Straßen in Pesth.

Nun lebe wohl, mein lieber Rudolph, auf hoffentlich baldiges Wiedersehen.

Dich von ganzem Herzen umarmend, bleibe ich Dein, Dich innigst liebender

Papa

Den Großeltern küsse ich die Hände.

1 Prinz Philipp Coburg
2 Natürliche oder künstlich angelegte dichte Hecken auf offenem Feld, in denen das Kleinwild Schutz vor Raubtieren und vor der Kälte fand

Ende Juni 1871 unternahm Rudolf mit seinem geliebten Erzieher, dem Grafen Josef Latour, eine Reise nach Böhmen und Mähren, über die er dem Papa ausführliche Berichte sandte. Er stattete auf dieser Rundreise, die keineswegs nur Privatcharakter hatte – die Frage einer Autonomie für die böhmischen Länder stand damals auf der politischen Tagesordnung –, unter anderem Brünn, Prag, Aussig, Teschen, Karlstein, Pilsen und Budweis einen Besuch ab, gab Empfänge, hielt Reden, besichtigte Schulen, Krankenhäuser, Fabriken und Kasernen. Gesundheitlich war diese Reise für den Dreizehnjährigen zweifellos eine Belastung.

Zeitungsberichten zufolge wurde der Kronprinz in mehreren Städten überaus herzlich empfangen und von der Bevölkerung mit Hoch- und Slavarufen begrüßt, doch ging nicht alles nach Wunsch. Der nationale Hader war unübersehbar, der Groll gewisser tschechischer Kreise auf die Dynastie machte sich da und dort bemerkbar.

Im Oktober 1871 brach in Wien eine Scharlachepidemie aus, und auch die Blattern forderten (wieder einmal) ihre Opfer. Um der Ansteckungsgefahr zu entgehen, wurden die kaiserlichen Kinder in Sicherheit gebracht. Die Kaiserin fuhr mit Valerie nach Meran, Rudolf und Gisela verbrachten die Weihnachtsfeiertage in Salzburg. In diesem Jahr war die kaiserliche Familie nicht einmal zu Weihnachten zusammen. Elisabeth unterbrach im Jänner 1872 ihren Aufenthalt in Meran, um an einigen Hofbällen teilzunehmen.

30 Laxenburg, den 12. Juli 1871

Lieber Rudolph,¹

Innigst danke ich Dir für Deine beiden Briefe, die mich sehr freuten und interessirten. Den ersten, den ich noch in Ischl erhielt haben auch die liebe Mama und Gisela mit großem Interesse gelesen. Ich bitte Dich, auch Latour für seine Berichte und Telegramme in meinem Namen herzlichst zu danken. Durch dieselben war ich immer in genauer Kenntnis von Deinem Befinden. Ich habe gewiß Freude an Allem, was ich von Dir höre und bin mit Dir zufrieden. Doch werde ich froh sein, wenn Du wieder nach dieser Hetze und Anstrengung in Ischl sein wirst.²
Der herzliche Empfang, den Du überall gefunden hast, ist mir ein erfreulicher Beweis von der vorherrschenden Anhänglichkeit der Bevölkerung.
Zu Deinen Jagderfolgen gratulire ich Dir auch und ich höre, daß Du in Frauenberg³ auch noch jagen wirst.
Heute ist Giselas Geburtstag, ich habe ihr so eben telegraphirt und werde um 7 Uhr hier in die Messe gehen.
Heute Abend reist die liebe Mama nach Baiern, kommt aber in 8 Tagen wieder nach Ischl zurück, so daß Du sie schon dort finden wirst. Auch ich hoffe dann hin kommen zu können, so daß die ganze Familie wieder vereinigt sein wird.
Früher werde ich noch einmal ins Lager bei Bruck gehen, um die seit einigen Tagen dort neu eingerückten Truppen anzusehen.
Der Großpapa reist Morgen nach Salzburg und die Großmama nach Dresden.⁴
Von Ischl habe ich, Gott lob, immer die besten Nachrichten. Das Wetter ist auch dort sehr schön, so daß Valérie den ganzen Tag im Freien sein kann, was ihr sehr gut thut. Auch wie ich dort war, hatten wir einige sehr schöne Tage mit Regentagen

abwechselnd, so daß ich an 3 Morgen jagen konnte. Am 3. den gewöhnlichen Jainzentrieb[5], wo ich einen 6 Ender schoß, während 2 Hirsche nicht heraus zu bringen waren, am 5. in Grünbach bei Offensee, wo ich auf einem Stand 2 10 Ender, einen 8 Ender und 2 Thiere erlegte und am 7. in Wambach[6], wo ich einen 8 Ender schoß. Du siehst, daß ich mich über den Anfang meiner Jagdsaison nicht beklagen kann.
Seitdem ich hier bin, war ich, außer Gestern, täglich in der Stadt, da ich ziemlich viel zu thun hatte.
Latours Lieblingsbad habe ich fleißig benützt und obwohl man schmutziger heraus als hineingeht, so ist es doch bei der großen Hitze der letzten Tage, eine Wohltat.
Nun lebe wohl, mein lieber Rudolph, Gott beschütze Dich auch weiter auf Deiner Reise. Mit der frohen Aussicht, Dich bald wiederzusehen, bleibe ich Dein

Dich innigst liebender
Papa

1 Der Brief des Kaisers ist nach Prag adressiert.
2 Der Kronprinz kehrte in der Nacht vom 23. auf den 24. Juli nach Ischl zurück.
3 Schloß der Familie Schwarzenberg im Bezirk Budweis mit schönem Park und ausgedehntem Tiergarten; gleichnamiger Marktflecken
4 Erzherzogin Sophie besuchte ihre Schwester Marie, die verwitwete Königin von Sachsen.
5 Die Kaiservilla in Bad Ischl liegt am Fuße des Jainzen.
6 Bach südöstlich des Höllengebirges in Oberösterreich, der in den Mitterweißenbach mündet

31* Wien, den 23. Dezember 1871

Lieber Rudolph,

Endlich komme ich dazu, Dir für Deinen lieben Brief vom 15., so wie für Deine Telegramme, auch schriftlich zu danken und eben so Gisela für ihren langen, interessanten Brief vom 20., den ich Gestern Früh erhielt.
Die Schnepfe kam auch Gestern glücklich an und wir werden sie Morgen beim Déjeuner mit Dank verzehren.[1] Ich hoffe, daß Du mir eine nähere Darstellung dieser merkwürdigen Jagd, so wie auch der Fuchsjagd schreiben wirst, denn ich bin sehr neugierig, genaueres darüber zu hören. Auch bin ich begierig, etwas über die Wildfütterung am Königs-See[2] zu hören, an die ich nicht recht glauben kann. Wie herrlich muß es jetzt bei dem schönen Wetter in Salzburg sein und wie beneide ich Dich um Deinen Ausflug nach Berchtesgaden. Ihr geht uns hier unendlich ab, und wir sehnen uns sehr nach Euch. Leider kann ich noch gar nichts über Euere Rückkehr sagen, da die langweiligen Krankheiten immer ziemlich im gleichen Maße fortbestehen. Ich werde sehen, was Wiederhofer[3] sagt, der nächster Tage von Meran zurückkommen soll, wo es, Gott lob, Valérie besser geht.
Da wir leider den Heiligen Abend nicht mit Euch zubringen können und die größeren Geschenke für später hier bleiben, so schicken wir Euch Heute 3 Kleinigkeiten, damit Ihr am morgigen Tag nicht ganz leer ausgeht.
Das Médaillon ist für Gisela, die Uhr und das Bild für Dich. Die Uhr soll sehr gut gehen und der Zettel in derselben zeigt, wie man sie aufziehen soll. Das Bild, das ich von einem Künstler erhielt, ist nicht hübsch, soll aber eine besondere und sehr künstliche Arbeit sein.

Von ganzem Herzen wünschen wir Euch glückliche Feiertage mit der Hoffnung eines baldigen Wiedersehens. Wir haben schon einige große Diners gegeben und am vorigen Sonntag ein sehr zahlreiches Familien Diner. Gestern speisten die Großeltern, die Königsegg und Wowo bei uns, welch Letztere besonders gut aussieht.
Von den letzten Jagden in Mürzsteg[4] wird Dir Onkel Nando erzählt haben. Seitdem er weg ist, wurden noch 3 Thiere gefunden, so daß 45 oder 46 Stücke liegen und ich denke, daß noch Einiges gefunden wird. Ich habe auf einem Stand in der Geigerleiten[5] 9 Stücke erlegt. Wäre nicht so wenig Schnee, so hätten wir noch viel mehr geschossen. Den ersten Morgen hatten wir 15°, den zweiten 10½° Kälte mit reinem, ruhigen Wetter, Nachmittag immer warmen Wind mit sehr heißem Sonnenschein, so daß man tüchtig schwitzte.
Ich hoffe noch einmal entweder nach Mürzsteg, oder nach Reichenau[6] auf die Jagd gehen zu können, ehe die Jagdzeit zu Ende ist.
Nun muß ich schliessen, um zu arbeiten. Mit der lieben Mama umarme ich Euch von ganzem Herzen und bleibe Dein, Dich innigst liebender

Papa

Deinen Herrn und Madame de Surirey[7] meine besten Grüße.

1 Die Herbstschnepfe stand im Ruf, fleischiger, zarter und wohlschmeckender als die Frühjahrsschnepfe zu sein.
2 Alpensee in Oberbayern, südlich von Berchtesgaden
3 Dr. Hermann Widerhofer, der Leibarzt des Kaisers
4 Ort in der Steiermark, wo der Kaiser ein Jagdschloß besaß
5 Abhang zwischen Mürzsteg und Alpl in der Steiermark
6 Reichenau an der Rax
7 Madame Alix de Surirey de St. Rémy, eine Erzieherin Giselas

32   Wien, am 14. Jänner 1872

Lieber Rudolph,

Endlich komme ich dazu, Dir für Deinen lieben Brief vom 10. zu danken, der mich sehr freute. Auch die liebe Mama dankt Euch für Euere Briefe an sie. Gott sei Dank, daß es Euch immer gut geht, trotz des schlechten Wetters. Auch von Valérie haben wir sehr gute Nachrichten. Sie hustet gar nicht mehr und geht schon täglich eine halbe Stunde ins Freie.
Ich habe Dir so lange nicht schreiben können, weil ich jetzt, außer meinen gewöhnlichen Arbeiten, noch mit Bällen, Theatern und Diners sehr in Anspruch genommen bin. Onkel Louis[1] ist noch bei uns und Prinz Leopold von Baiern[2] bei Onkel Ludwig. Beide waren vorigen Mittwoch am großen Hofball, der im Ganzen recht voll, aber an Damen sehr leer war. Am Freitag speisten Beide und die Großeltern bei uns und dann waren wir im Wiedner Theater[3], um die Großherzogin von Gerolstein[4] zu sehen, was die Mama sehr gut unterhielt.
Gestern gaben wir ein großes Diner von 40 Personen, das bis ½9 Uhr dauerte und Heute haben wir Familiendiner. Dienstag werden wir bei Wilhelm[5] speisen und Mittwoch geben wir wieder einen Ball und so geht es unaufhörlich fort, dafür war ich seit Salzburg nicht mehr spazieren.
Ihr geht uns hier entsetzlich ab und es ist wirklich zu traurig, daß wir jetzt noch immer getrennt sein müssen.
Ich sprach Gestern wieder mit Wiederhofer darüber, in der Hoffnung, ihn günstiger gestimmt zu finden. Allein er wiederrieth es noch immer auf das Entschiedenste, Euch jetzt schon kommen zu lassen und so müssen wir uns wohl in das Traurige fügen.[6]
Hier hat es auch seit unserer Rückkehr stark geschneit und jetzt sind kalte, meist windige Tage. Schade, daß man nicht mehr ja-

gen kann. Für Walterskirchen freut es mich, daß er in Strobel[7] doch etwas geschossen hat, was ich kaum erwartet hätte. Nun lebe wohl, mein lieber Rudolph, mit der größten Sehnsucht Euch umarmend, bleibe ich Dein, Dich innigst liebender

Papa

Den Herrn und Damen meine besten Grüße.

1 Ludwig Wilhelm, der älteste Bruder der Kaiserin
2 Prinz Leopold von Bayern, der spätere Gemahl der Erzherzogin Gisela
3 Gemeint ist das Theater an der Wien.
4 Operette in drei Akten von Jacques Offenbach
5 Erzherzog Wilhelm, der fünfte Sohn Erzherzog Karls und seiner Frau Henriette von Nassau-Weilburg
6 Wegen Ansteckungsgefahr – in Wien grassierten wieder einmal die Blattern – hielten sich die Kinder in Salzburg auf.
7 Strobl am Wolfgangsee

Vom Zeitraum zwischen Jänner 1872 und August 1874 liegen keine Briefe vor. In diese Zeit fällt der Tod der Erzherzogin Sophie (Mai 1872) und die Verheiratung Giselas mit Prinz Leopold von Bayern (April 1873). Der Kronprinz verlor mit diesen beiden Frauen seine wichtigsten weiblichen Bezugspersonen bei Hof. Die Kaiserin, die beinahe andauernd unterwegs war, unternahm mit Marie Valerie Ende Juli 1874 ihre erste England-Reise. Offizielle Begründung: Die kleine Valerie brauche unbedingt Seebäder. Tatsächlich ging es Elisabeth um die englische Reitjagd. Der Kaiser übermittelte Rudolf ihre Briefe mit der Bitte, sie an Gisela in München weiterzuleiten. Franz Joseph war in den Sommer- und Herbstmonaten 1874 wie immer viel beschäftigt. Er besuchte die Manöver in Ungarn und Böhmen, gab zahlreiche Audienzen und Diners, verrichtete seine übliche tägliche Aktenarbeit und frönte seinem Steckenpferd, der Jagd.

Manche seiner Briefe vermitteln in ihrer Kürze den Eindruck der Gehetztheit und der Überforderung. Der Kaiser spielte sogar mit dem Gedanken, seine Gemahlin bei ihrer Rückkehr aus England nicht in Schönbrunn zu erwarten, sondern in Gödöllö auszuruhen, eine völlig ungewohnte Reaktion des chevaleresken Kaisers. »*Man wird eben alt und hält nicht mehr so aus, wie in früheren Jahren*«, *schreibt der Vierundvierzigjährige an den Sohn (Brief Nr. 43 vom 25. September 1874).*

33   Laxenburg, den 2. August 1874

   Lieber Rudolph,

Herzlichsten Dank für Deinen lieben, langen und interessanten Brief vom 31., den ich Gestern zu meiner großen Freude erhielt. Die Nachricht von Mamas und Valeries glücklicher Ankunft auf der Insel Wight[1] wirst Du wohl auch erhalten haben. Gott sei Dank, daß die lange Reise so gut abgelaufen ist. Mit Ungeduld erwarte ich Mamas ersten Brief.
Vorgestern erhielt ich einen Brief Giselas vom 30., mit sehr guten Nachrichten von ihr und den Ihrigen, aber sonst gar nichts Neuem. Bitte Latour in meinem Namen, die Sachen, welche Du Dir zu Deinem Geburtstage wünschest, zu bestellen.
Schade, daß Deine Jagden in Offensee so wenig ergiebig ausgefallen sind und daß das Wetter so bald schlecht wurde. Das Aussteigen der noch nie da gewesenen Zahl von 5 Hirschen ohne Schuß aus dem Haustrieb kann nur Folge einer mangelhaften Schützen Anstellung sein, da wahrscheinlich der beste Stand ober dem Trieb unbesetzt war. Entsetzliches Pech!
Hier ist immer schönes, warmes Wetter, so daß es nie zu heiß wird. Nur Vorgestern waren einige ganz kurze Strichregen. Es ist auf den Feldern ziemlich dürr, allein der Garten, selbst der

Rasen, ist sehr schön grün. Das Ganserl Bad[2] ist nach der Ischler Schwimmschule[3] etwas matt, aber doch besser wie nichts. Ich habe alle Tage gebadet, einmal mit 22°.
Neues kann ich nichts melden, denn ich lebe still und einförmig. Mittwoch war ich nach einer angenehmen Eisenbahnfahrt und nach einem tüchtigen Gewitter in Lambach[4], um 6 Uhr Früh in der Burg, wo ich bis nach 12 Uhr blieb und dann hierher fuhr, wo ich, wie gewöhnlich, feierlich empfangen wurde.
Donnerstag und Gestern war ich Vormittags in der Stadt, hatte Donnerstag über 80 Audienzen und war dann in Hietzing, um von Onkel William Abschied zu nehmen, der nach Schlesien abgereist ist.
Vorgestern habe ich hier die neuen Jagdpferde angesehen, die mich entzückt haben. Morgen ziehe ich wieder in die Stadt, wo ich Audienzen gebe und Übermorgen Früh fahre ich nach Bruck, um an diesem Tage und am Mittwoch Früh die Truppen manövriren zu lassen, und kehre Mittwoch nach dem Manöver zurück.
Nun lebe wohl, lieber Rudolph, vielleicht sehen wir uns doch bald in Ischl wieder. Dem Großpapa küsse ich die Hände und Dich von ganzem Herzen umarmend, bleibe ich Dein, Dich innigst liebender

Papa

1 Insel vor der Südküste Englands. Die Kaiserin traf am 1. August 1874 um fünf Uhr früh mit ihrer Tochter Valerie bei stark bewegter See, aber im besten Wohlsein im Seebad Ryde ein, wie die »Neue Freie Presse« berichtet. Um politischen Schwierigkeiten aus dem Wege zu gehen, reiste Elisabeth unter dem Namen einer Gräfin von Hohenembs. Sie war aber doch genötigt, der englischen Königin Victoria und deren Tochter, die zur selben Zeit auf der Insel ihren Urlaub verbrachten, einen Höflichkeitsbesuch abzustatten.
2 Der Kaiser spricht auch in anderen Briefen (Nr. 37, 52), wenn er sich im Sommer in Laxenburg aufhielt, von seinem seltsamen Badevergnügen. Er

dürfte in einem Teich im Laxenburger Schloßpark Abkühlung vor der Sommerhitze gesucht haben.
3 Die sogenannte »Schwimmschule« war der Aus- und Ankleideraum der Badenden in der Ischler Kaiservilla, wie der langjährige Leibkammerdiener des Kaisers, Eugen Ketterl, in seinem Buch »Der alte Kaiser. Wie nur einer ihn sah« berichtet.
4 Markt in Oberösterreich, in der Bezirkshauptmannschaft Wels; Sitz einer Benediktinerabtei

34 Laxenburg, den 7. August 1874

Lieber Rudolph,

Beiliegend schicke ich Dir den ersten Brief der lieben Mama, den ich erst Gestern erhielt, zur Durchsicht. Schicke ihn dann der Gisela und schreibe ihr, daß sie mir ihn seiner Zeit zurücksenden soll.
Herzlichst danke ich Dir für Dein Telegramm von Vorgestern, das ich Gestern beim Erwachen erhielt. Das sind außerordentliche Leistungen in einem Tage und ein solches Resultat ist am Sattel noch nie erreicht worden. Hoffentlich hat Dir das Wetter erlaubt, auch Gestern mit ähnlichem Glücke zu jagen.
Hier war es gestern kühl, windig und umzogen, nur der Abend herrlich. Heute ist es schön wie fast immer, so lange ich hier bin.
Vorgestern Mittag bin ich von Bruck zurückgekommen, wo ich an beiden Morgen Übungen mit gemischten Waffen sah, die mich sehr befriedigten. Dienstag Nachmittag besichtigte ich die, im Lager befindlichen Landwehr Bataillons Wien und Wiener Neustadt, die mich durch ihre gute Haltung und gutes Compagnie Exerziren um so mehr erstaunten, als sie erst seit 1. d. M. einberufen waren.
Morgen besichtige ich auf der Simmeringer Haide[1] das Regiment Heß[2] und dann das 7. Artillerie Regiment.

Ich muß schliessen, um zu arbeiten.
Dich von ganzem Herzen umarmend, Dein, Dich innigst liebender

Papa

Dem Großpapa küsse ich die Hände.
Deinen Herrn Alles Freundliche.

1 Das Gebiet im heutigen 11. Wiener Gemeindebezirk war ein Manöver- und Exerzierfeld.
2 Benannt nach Feldmarschall Heinrich Freiherr von Hess

35 Laxenburg, den 10. August 1874

Lieber Rudolph,

In Eile, ehe ich in die Stadt fahre, wo ich Audienzen und eine Sitzung mit mehreren ungarischen Ministern habe, nur einige Zeilen, um Dir beiliegenden Brief der lieben Mama zu schikken, den ich Gestern erhielt und den ich Dich bitte, auch wieder Gisela mitzutheilen. Innigsten Dank für Deine Telegramme. Das Kitz war nicht schön, desto schöner aber die Resultate des letzten Jagdtages, zu denen ich von Herzem gratulire. Ich bin sehr erfreut, daß Du zum Abschiessen statt mir, schon so gut zu brauchen bist.
Von Gisela erhielt ich Vorgestern einen Brief mit den besten Nachrichten. Leopold hatte in einer Pirsche 4 Rehböcke geschossen.
Vorgestern war ich mit Heß und dem 7. Artillerie Regiment ganz besonders zufrieden. Lobkowitz[1] führte seine Division charmant.
Dann war Albrecht in der Stadt lange bei mir und erzählte mir

viel von Rußland, von wo er den vorhergehenden Tag zurückgekommen war.²
Nachdem es Vorgestern sehr heiß mit Sirocco Sturm gewesen war, hatten wir Gestern einen ausgiebigen Regentag und Heute ist es kalt, umzogen und stürmisch.
Ich bin Heute schon um ¾ auf 5 Uhr Früh mit den neuen Jagdpferden auf den Feldern gewesen, um sie galoppiren zu sehen. Adieu lieber Rudolph, auf wahrscheinlich baldiges Wiedersehen, Dein, Dich innigst liebender

Papa

1 Prinz Rudolf Lobkowitz, Artillerieoffizier
2 Erzherzog Albrecht, der Generalinspektor der k. u. k. Armee, trat diese Rußlandreise, die ihn nach St. Petersburg und Moskau führte, in Begleitung seines Oberhofmeisters, einiger Adjutanten und des ehemaligen Ministerpräsidenten Anton Ritter von Schmerling am 7. Juli 1874 an. Er führte mit Zar Alexander II. auf dessen Landsitz Zarskoje-Selo (politische) Gespräche – Albrecht war das Haupt der antideutschen Partei am Wiener Hof und ein Freund Rußlands – und kehrte über Lemberg und Krakau am 8. August 1874 wieder nach Wien zurück.

36   Wien, den 14. August 1874

Lieber Rudolph

Beiliegend findest Du einen Brief der lieben Mama, den ich Dich bitte wieder Gisela zu schicken, wenn Du ihn gelesen hast. Recht fatal, daß Mama so schlechtes Wetter hat. Hier ist es noch immer meistens schön, nur zwei Vormittage regnete es stark und die Luft ist sehr abgekühlt und herbstlich. Heute Früh hatten wir dichten Nebel, wie im Oktober.
Ich hoffe Übermorgen Früh bei Dir zu sein, worauf ich mich unendlich freue und Montag möchte ich mit Dir die hohe

Schrott jagen. Ich wollte eigentlich schon Heute abreisen ...
Andrássy von Terebes¹ ... *(Hier weist dieser Brief eine Schadstelle auf!)* mit ihm zu sprechen.² und das hält mich noch hier auf. Dein, Dich innigst liebender

Papa

1 Töketerebes, Landgut des ungarischen Ministerpräsidenten Gyula Andrássy
2 Andrássy reiste zum Zweck dieser Aussprache eigens nach Wien.

37   Laxenburg, den 23. August 1874

Lieber Rudolph,

Beiliegend findest Du einen Brief der lieben Mama, den ich Gestern erhielt und den ich Dich bitte, wieder Gisela zu schikken. Die Mama ist also schon nach London und kann daher wahrscheinlich noch immer nicht baden.¹
Durch Telegramme Latours, für welche ich ihm vielmals danken lasse, weis ich Deine glückliche Ankunft in Ischl und daß Morgen und Mittwoch gejagt wird, wozu ich Dir ein Herzliches Waidmanns Heil sage.
Sage auch Nando, nebst herzlichen Grüßen von mir, daß Leopold am 26. September Abends nach Gödöllö kommt, daß er ihm daher einige *gute* Hirsche übrig lassen soll.
Meine Reise ging schnell und gut und ich schlief ausgezeichnet im Waggon. Um 8 Uhr war ich in der Burg, wo ich bis 3 Uhr arbeitete und Leute sah, worauf ich herausfuhr. Heute bleibe ich hier und Morgen habe ich Audienzen in der Stadt. Übermorgen fahre ich um 5 Uhr Früh nach Bruck, wo ich 2 Tage Manöver mitmache und von wo ich am 26. Nachmittag nach Totis² reise.
Gestern war das Wetter wie in München, nur heiterte es sich

Abends vollkommen aus, Heute ist ein herrlicher, reiner Tag mit kalter Luft.
Im Ganserl Bad hatte das Wasser Gestern nur 14°, daher ich auch nicht badete.
Ich denke noch immer mit Freude an die befriedigenden Tage in München[3] und bedauere nur, daß es nicht länger dauern konnte.
Adieu, lieber Rudolph, küsse dem Großpapa in meinem Namen die Hände und schreibe bald Deinem, Dich innigst liebenden

Papa

1 Die Kaiserin besichtigte in London das berühmte Wachsfigurenkabinett von Madame Tussaud, besuchte ein Irrenhaus und machte im Hyde Park einen Ausritt, was beträchtliches Aufsehen erregte.
2 Ungarisch: Tata, Großgemeinde im Komitat Komorn
3 Franz Joseph war auf Kurzbesuch bei seiner Tochter Gisela.

38   Totis, den 28. August 1874

Lieber Rudolph,

Innigsten Dank für Deinen lieben, langen und interessanten Brief, der mich sehr freute. Die Jagden müssen sehr schön gewesen sein, nur wurde recht schlecht geschossen und Wrbna[1] bedeckte sich erneut mit Schmach, Kitzgeisen[2] zu schiessen.
Beiliegend ein Brief der lieben Mama aus London für Dich und Gisela zum Lesen.
Mir geht es sehr gut und ich bin jetzt vom besten Wetter begünstigt, aber auch hier schon Herbst. In Bruck sind die Manöver sehr gut gegangen, was wegen der vielen Fremden Offiziere, die mich begleiten, sehr erfreulich war. Ich ritt Deine beiden

Pferde, Professor und Nachbus (?) und war von Beiden, besonders aber vom Schimmel befriedigt.

Hier kam ich Vorgestern um 6 Uhr Abend, feierlich empfangen, an, bin vortrefflich im Schloße des Grafen Eszterházy[3] untergebracht, der der aimabelste Hausherr ist.

Gestern und Heute waren Manöver der Cavallerie Division, die vortrefflich in jeder Beziehung ausfielen. Schöne Regimenter, große Ordnung und Ruhe in den Abtheilungen, schneidiges Reiten, fließendes Nehmen der ziemlich zahlreichen Hindernisse und richtige Führung von Seite der Kommandanten. Die beiden Divisionäre, die bis jetzt kommandirten, Feldmarschal-Leutnant Graf Wallis[4] und Feldmarschal-Leutnant Lamberg[5] erwiesen sich als sichere und geschickte Cavallerie Führer.

Morgen wird wieder manövrirt und Nachmittag jagen wir mit der Hasen Meute des Grafen Eszterházy. Übermorgen, Sonntag, ist Rasttag und Nachmittag Steeple Chase.[6] Geritten wird überhaupt genug.

Alle Tage habe ich großes Diner. Ich hoffe, daß Du, wie Du es in Deinem Briefe versprichst, fleißig lernen wirst, freue mich schon sehr auf das Wiedersehen und bleibe, Dein, dich innigst liebender

Papa

Dem Großpapa küsse ich die Hände.

1 Graf Rudolf Eugen Wrbna-Freudenthal, Generaldirektor der kaiserlichen Familien-Fonds-Herrschaften
2 Muttertiere mit Jungen beim Rehwild
3 Graf Nikolaus Esterházy, Besitzer der Herrschaft Totis
4 Graf Franz Wallis, Feldmarschall-Leutnant
5 Graf Heinrich Lamberg, Feldmarschall-Leutnant
6 Ursprünglich: Pferderennen querfeldein, heute: Hindernis- und Jagdrennen

39. Totis, den 2. September 1874

Lieber Rudolph,

Beiliegend schicke ich Dir einen, Heute erhaltenen Brief der lieben Mama mit der Bitte, ihn auch Gisela mitzutheilen. Ich bin froh, daß Mama endlich baden kann und daß Valérie so viel Courage zeigte.[1]
Von Gisela erhielt ich auch Heute einen Brief mit guten Nachrichten von Leopold, der wieder wohl und bei den Manövern ist.
Hier ist Alles sehr interessant und Gegend wie Unterkunft charmant. Das Wetter immer herrlich, nur seit einigen Tagen sehr heiß, der Boden zum Reiten vortrefflich und wenig Staub. Sonntag und Heute sind Rasttage, sonst wurde alle Tage manövrirt, so daß wir schon 5 Manöver hatten mit den verschiedensten Suppositionen[2], mitunter sehr anstrengend. Einige Übungen gingen sehr gut, einige minder gut, aber sehr lerreich waren Alle und man kann sehr zufrieden sein, besonders mit der Führung. Mitunter sind es vollkommene Steeple Chase mit hübschen Hindernissen. Leute und Pferde halten gut aus, trotzdem die Division um 9 Uhr versammelt ist und wir manchmal erst um 2 Uhr nach Hause kommen, daher einige Regimenter, die weiter dislocirt sind, erst einige Stunden später. Um 5 Uhr ist bei mir im Schloße großes Diner mit Musik und dann wird geraucht.
Samstag Nachmittag und Heute Früh um 6 Uhr haben wir mit der Hasen Meute des Grafen Eszterházy gejagt, leider ohne Erfolg wegen der Hitze und trockenem Boden. Wir hatten aber doch einige hübsche Galopps. Das erste Mal waren 77 Reiter und Heute über 20. Beide Male ritt auch die Frau des Rittmeisters Baron Kotz[3] sehr gut mit. Samstag Nachmittag war Offiziers Steeple Chase, das sehr hübsch ausfiel, auf einem sehr

schönen Platz mit der schönsten Aussicht auf die hübsche Gegend. Publikum war sehr zahlreich. Es wurden 4 Steeple Chase geritten und es betheiligten sich sehr viele Reiter an denselben. Leider stürzte Rittmeister Hettyey des 13. Husaren Regimentes so schwer, daß er liegen blieb und noch jetzt mit Gehirnerschütterung in einem sehr bedenklichen Zustande ist.
Heute ist auch eine große Treibjagd auf Hochwild im Thiergarten, zu der ich aber nicht gegangen bin.
Einige Herren waren auch schon im Freien pirschen und Löhneisen schoß einen Hirsch, Oberst Molostwof[4] zwei Rehböcke und Graf Finkenstein[5] einen Bock. Heute sind die Fremden theils nach Kisbér[6], theils nach Bábolna[7].
Ich mache noch 3 Manöver hier mit und reise Samstag Nachmittag nach Wien.
Lebe wohl, lieber Rudolph. Mit der Bitte, Großpapa von mir die Hände zu küssen und Deine Herrn freundlichst zu grüßen, bleibe ich Dein, Dich innigst liebender

Papa

1 Die Kaiserin und die sechsjährige Valerie badeten im Meer.
2 Gefechtsannahmen
3 Baron Wenzel Kotz von Dobř, Dragoneroffizier
4 Oberst Molostwoff, Flügeladjutant des Zaren
5 Karl Graf Finck von Finckenstein, seit 1871 preußischer Militärattaché in Wien
6 und 7 Berühmte Militärgestüte im Komitat Komorn

40 Totis, den 4. September 1874

Lieber Rudolph,

Beiliegend ein Heute Früh eingetroffener Brief der lieben Mama für Dich und Gisela zum lesen. Ich muß gleich zum Diner, kann daher nicht viel schreiben.
Gestern und Heute waren sehr gelungene Manöver, die lange dauerten. Immer wolkenloser Himmel, entsetzliche Hitze, viel Staub. Wenn es nur dann in Böhmen nicht regnet. Ein englischer General mit 2 Rittmeistern ist seit Vorgestern hier. Albert von Sachsen[1] kommt auf 2 Tage nach Brandeis[2], wo es überhaupt von Fremden wimmeln wird. Hoffentlich produciren sich die Truppen gut.
Ich umarme Dich von ganzem Herzen und küsse dem Großpapa die Hände.

Dein etwas gehetzter
Papa

1 König Albert von Sachsen, ein inniger Freund Franz Josephs
2 Schloß in der gleichnamigen böhmischen Stadt an der Elbe, damals im Besitz Erzherzog Ludwig Salvators aus der toskanischen Linie des Hauses Habsburg-Lothringen. Der Kaiser nahm in Böhmen an den Manövern teil und kehrte am 13. September wieder nach Wien zurück.

41 Brandeis, den 10. September 1874

Lieber Rudolph,

In aller Eile, ehe ich zum Manöver reite, nur einige Zeilen, um Dir für Deinen lieben Brief vom 8. zu danken, den ich Heute beim Erwachen erhielt und um Dir beiliegenden Brief der lieben Mama für Dich und Gisela zu schicken.
Gott sei Dank, daß Dein Reit Accident so glücklich abgelaufen

ist[1]. Ich freue mich, daß Du Courage gezeigt hast. Jeder Reiter muß das durchmachen und auch im Fallen muß man Übung bekommen. Ich habe jetzt Tage der entsetzlichsten Hetze durchgemacht, es geht mir aber gut.
Gestern war das erste Manöver beim herrlichsten, nur etwas heißem Wetter. Es war sehr interessant und ging sehr gut. Albert von Sachsen kam Gestern Früh und verläßt uns Heute Abend. Wir haben jetzt über 40 fremde Offiziere hier, eine etwas lästige Zugabe!
Seit einer halben Stunde regnet es ziemlich stark, was wegen dem Staub gut ist, wenn es nicht zu lange dauert.
Der Empfang in ganz Böhmen und besonders in Prag war außerordentlich feierlich, herzlich und loyal.
Adieu lieber Rudolph, auf baldiges frohes Wiedersehen.

Dein
Papa

Dem Großpapa küsse ich die Hände.

1 Der kleine Unfall passierte bei einer Reitjagd in Gödöllö.

42   Arad[1], den 23. September 1874

Lieber Rudolph,

Innigsten Dank für Deinen lieben Brief vom 20., den ich Gestern zu meiner Freude erhielt und für den früheren ohne Datum. Beiliegend ein Brief der lieben Mama für Dich und Gisela.
Mama reist am 1. Oktober von England ab, hält sich 2–3 Tage in Possi[2] auf und schickt Valérie voraus.
Manöver waren überall gut, hier Marschleistungen bei entsetzlicher Hitze außerordentlich.

Mir geht es gut, Morgen pirsche ich Gödöllö, dann 2 Manöver Tage bei Pest, dann ist es aus. Ich habe keine Zeit mehr zu schreiben. Auf baldiges Wiedersehen

Dein
Papa

1 Königliche Freistadt in Ungarn am Flusse Maros; heute rumänisch
2 Schloß Possenhofen am Starnberger See, wo Elisabeth aufwuchs

43   Gödöllö, den 25. September 1874

Lieber Rudolph,

Beiliegend ein Brief der lieben Mama, den ich Heute erhielt, für Dich und Gisela.
Ich höre, daß Mama am 6. nach Schönbrunn kommt. Ich bin noch nicht entschieden, ob ich sie daselbst erwarten und dann nach Mürzsteg gehen werde, oder ob ich ruhig hier bleiben werde, um auszuruhen, und vor der Hand vielleicht das Gebirge aufgeben werde, da ich zu vieler Anstrengung doch etwas zu müde bin. Man wird eben alt und hält nicht mehr so aus, wie in früheren Jahren.
Hier ist es herrlich, nur etwas trocken und verbrannt und sehr heiß.
Die Hirsche melden noch recht gut und Leopold kann noch gute Geschäfte machen.
Ich habe Gestern Früh in St. Király einen sehr starken 14 Ender und einen schwachen 12er geschossen und ebendort Abends einen 10er, Feldzeugmeister Mondel[1] hat Abends in St. György einen starken 10er erlegt. Nando hat bis jetzt nur 12 Hirsche geschossen und wie man behauptet 13 angezwickt.
Onkel Karl[2] ist seit Gestern Abend hier zu den Manövern und verläßt uns Morgen Abend.

Heute war das erste Manöver von Keresztur bis Csömör und ganz vorzüglich. Die Truppen biwacqiren und Morgen ist Fortsetzung und Schluß. Auch das 2. Manöver in Arad ging recht gut. Ich muß schliessen, um zu arbeiten.
Lebe wohl, lieber Rudolph. Ich umarme Dich von ganzem Herzen und bleibe, Dein Dich innigst liebender

Papa

1 Freiherr Friedrich Mondel, Feldzeugmeister
2 Erzherzog Karl Ludwig, ein Bruder Franz Josephs

44 Gödöllö, den 24. Oktober 1874

Lieber Rudolph,

Innigsten Dank für Deinen lieben Brief, den ich Gestern erhielt und der uns sehr freute. Ich bin froh, daß Du an den Jagden einige Zerstreuung in Deiner Einsamkeit hast und daß die Jagd in Laxenburg Dich so gut unterhalten hat. Ich hoffe am 1. oder 2. bei Dir zu sein und werde den 4. in Salzburg beim Großpapa zubringen, worauf ich wieder zu Dir komme und bis 8. bleibe. Die liebe Mama, die Dich herzlichst umarmen laßt und Valérie, welche Dir egy csókot[1] schickt, habe ich, Gott lob, sehr wohl gefunden.
Das Wetter war die beiden ersten Tage herrlich und trocken. Dienstag schoß ich einen und Mittwoch 3 Schnepfen im Garten. Mittwoch trafen wir deren 7 an, man konnte aber öfter wegen Menschen, Pferden und Häusern nicht schiessen. In den Wäldern sind sonst gar keine.
Mittwoch Früh bin ich mit Grünne[2] nach Megyér[3] hin und zurück geritten, um meine Pferde und die Hunde anzusehen. Vorgestern war ich mit Mama beim Cab hunting[4] bei der Pascal

Mühle. Es waren ziemlich viele Leute, aber noch nicht im rothen Frack, auch 2 Damen, Gräfin Géraldine Pálffy und die Edelsheim[5]. Es wurden 2 Füchse aufgejagt, es gab auch recht hübsche Galopps mit hübschen Sprüngen, allein der Sent[6] war schlecht, und wir fingen daher keinen Fuchs. Es regnete endlich ziemlich stark, so daß wir recht naß wurden. Leider dauerte der Regen nicht lang genug, Gestern war es zwar noch umzogen und kalt, aber ohne Regen und Heute ist es wieder ganz hell mit nur 4° Wärme, so daß ich fürchte, daß wir wieder eine schlechte Jagd haben werden. Heute ist nemlich die erste wirkliche Jagd im rothen Frack, meet[7] in Palota. Wir fahren um ½9 Uhr von hier weg. Gestern Abend war ich auf der Pirsche in Valkó und schoß ein Kalb. Grünne, der in Babat war, kam nicht zum Schuße. Es ist sehr laut im Walde und das Wild sehr scheu. Gisela hat an Mama geschrieben, vollkommen, ich glaube *zu* beruhigt über Leopold und glücklich, daß er nicht in den Süden muß. Wenn er sich nur wenigstens in München ordentlich schont.[8]

Leb wohl, mein lieber Rudolph, auf baldiges Wiedersehen. Es umarmt Dich von ganzem Herzen Dein, Dich innigst liebender

Papa

1 Valerie schickte dem Bruder einen Kuß.
2 Graf Karl Grünne, früherer Generaladjutant, seit 1859 nur noch Oberstallmeister des Kaisers
3 Landgut im Komitat Pest mit Pferdegestüt und Hundezucht
4 Cub hunting (engl.): Jagd auf junge Füchse, auch allgemein Hetzjagd; Reitjagden nach englischem Vorbild waren groß in Mode, Elisabeth entwickelte eine wahre Leidenschaft dafür.
5 Baronin Friederike Edelsheim-Gyulai
6 Scent (engl.): Witterung, Fährte
7 Meet (engl.): Jagdzusammenkunft
8 Hinter dieser vagen Andeutung dürfte sich eine schwerere Krankheit seines Schwiegersohnes verbergen.

Die Weihnachtsfeiertage 1874 verbrachte der Kronprinz mit der Familie in Gödöllö. Der Kaiser denkt in seinem Schreiben vom 1. Jänner 1875 mit Wehmut an die schönen, gemeinsam verbrachten Tage zurück und lobt Rudolfs Benehmen und seinen Fleiß mit ungewohnter Überschwenglichkeit. In diesem Brief macht Franz Joseph auch eine andere ungewöhnliche Bemerkung: Er erwähnt kurz die politische Veränderung, die sich in Spanien abgespielt hat (siehe Anmerkung Nr. 1), was darauf schließen läßt, daß er doch ab und zu mit dem zum Manne heranwachsenden Kronprinzen politische Fragen erörtert hat.
Ab dem Jahr 1875 oblag Rudolf neuen Studien. Der bekannte Jurist Univ.-Prof. Dr. Adolf Exner lehrte ihn das Staatsrecht; Univ.-Prof. Dr. Carl Menger führte ihn in die Nationalökonomie ein, bestärkte den Kronprinzen in seinen schriftstellerischen Ambitionen und lenkte sein Interesse auf die soziale Frage. Beide Lehrer haben auf den Kronprinzen großen Einfluß ausgeübt und sein Denken bestimmt.

45   Ofen, den 1. Jänner 1875

Lieber Rudolph,

Innigst danke ich Dir für Deinen lieben Brief vom 29., der uns sehr freute und für die guten Nachrichten, die Du mir vom Großpapa gibst. Auch ich denke immer mit wirklicher Sehnsucht an die schönen Tage zurück, welche Du in Gödöllö warst. Nach Deiner Abreise wurde es schon sehr still und leer und jetzt gar die Stadt macht melancholisch, wenn man gerne im Freien wäre. Das Wetter ist auch nicht erheiternd, immer umzogen mit recht viel Schnee und die Temperatur um Null herum.
Ich habe Dir so eben unsere Neujahrswünsche telegraphirt und

wiederhole sie hier schriftlich. Gott gebe, daß Du auch das kommende Jahr so glücklich zubringest, wie das Letzte und daß Du durch Dein Benehmen und Dein fleißiges Lernen uns eben so viele Freude machest wie bisher.
Ich habe Gestern Abends im Te Deum recht inbrünstig für Dich gebetet und werde es Heute in der Messe wiederholen. Diese Tage haben wir hier so ruhig gelebt, wie in Gödöllö und allein bei Valérie gespeist. Jetzt werden wir aber einige Diners geben und am 9. ist der große Hofball. Der Wolf oder die Wölfe haben noch fort in Gödöllö gespukt und es ist doch wirklich einer gesehen worden, der in der Nacht den Stall eines Bahnwächters zwischen Gödöllö und Besnyö attakirte und durch einen Pistolenschuß verscheucht wurde. Die nächste Nacht wurde er auf den Feldern bei Haraszt gesehen und in derselben Nacht wieder einer frisch in St. Király gespürt.
Am Tag Deiner Abreise, habe ich beim herrlichsten Wetter in St. György gepirscht und 2 Thiere und 1 Kalb erlegt, während Grünne in Juharos dasselbe Resultat erzielte. Den 28. war wieder ein herrlicher Tag mit 7° Kälte in der Früh. Ich habe in Valkó im Schlitten gepirscht und 4 Thiere und einen 6er Hirsch geschossen, der einen alten Schuß in einem Lauf hatte und den ich deßhalb abschoß. Grünne erlegte in Kisbagg ein Thier.
Am 29., Deinem letzten Tag in Gödöllö, machte ich eine Treibjagd in St. Király bei unendlich tiefem Schnee und fortgesetztem Schneien, aber ziemlich milder Luft. Es wurden 4 Füchse, ein Thier und 8 Hasen erlegt, wovon ich das Thier, 2 Füchse und 1 Hasen schoß.
Die Donau ist hier ganz mit Eis bedeckt, das fest steht, unter dem Blocksberg ist sie aber offen.
Asturien ist also König v. Spanien geworden. Das ist geschwind gegangen und ich bin neugierig, was daraus wird.[1]
Lebe wohl, lieber Rudolph. Dich von ganzem Herzen umar-

mend und Dich bittend, Großpapa von mir die Hände zu küssen, bleibe ich Dein, dich innigst liebender

Papa

1 Nach der Vertreibung der Königin Isabella II. 1868 und einem republikanischen Intermezzo wurde im Dezember 1874 Alfons XII. zum König von Spanien proklamiert. Seine zehnjährige Regierungszeit war durch eine relative Stabilität der politischen Verhältnisse gekennzeichnet.

46 Ofen, den 11. Jänner 1875

Lieber Rudolph,

Für zwei liebe Briefe habe ich Dir zu danken, so wie für die Glückwünsche zum neuen Jahre, welche Du mir in dem ersten dieser Briefe, jenem vom 31. v. M. aussprichst. Es freut mich sehr aus Deinem Schreiben vom 7. d. M. zu ersehen, daß Deine neuen Studien[1] Dich interessiren und daß Du fleißig bist. Ich zweifle nicht, daß die Resultate eben so günstige sein werden, wie bisher.

Gisela schreibt uns fleißig und gibt immer gute und erfreuliche Nachrichten. Ihre Kleine muß schon sehr herzig sein.[2] Auch in München scheint das Thauwetter so stark gewesen zu sein, wie in Wien. Hier hat man nur einen Tag und da sehr wenig davon gespürt. Alles ist noch mit Schnee bedeckt, der Boden hart wie Stein gefroren und auf der Donau steht der Eisstoß fest.[3] Wir hatten jetzt recht kalte, aber schöne Tage, ohne Wind. Heute ist der kälteste Morgen mit 10° und ganz hellem Himmel, so daß die Kälte wohl noch steigen wird. Ich will Morgen Früh nach Gödöllö, um in Babat auf Füchse zu jagen und da dürften wir ziemlich von der Kälte leiden. Ich hoffe, daß unsere Jagd dort besser ausfallen wird, wie Deine. Hohenlohe geht schon Heute nach Gödöllö, um in Valkó mit Schlitten zu pirschen.

Ich wollte eigentlich in Mácsa auf Schweine jagen, allein es scheint, daß sie nicht sicher bestättigt sind.

Vorgestern ist der Ball recht gut ausgefallen und trotzdem eigentlich wenig Damen waren, da sehr viele Leute auf dem Lande geblieben sind, so wurde doch sehr animirt getanzt. Als Tänzer waren ziemlich viele Offiziere von den näheren Cavallerie Regimentern herein gekommen und diese Aushilfe that sehr noth, denn hier gibt es heuer wenige Tänzer.

Gestern hatte ich wieder ein Herrn Diner von 30 Personen und Heute gebe ich Audienzen.

Im Theater waren wir noch gar nicht, da man sich bei dieser Kälte und Glätte schwer entschließt, Abends auszufahren.

Valérie war Gestern nach langer Zeit wieder einmal im Stadtwäldchen. Gewöhnlich geht sie täglich im Garten und auf der Bastei spazieren. Abends kommen oft Gespielinen zu ihr, wobei sie sich sehr gut unterhält.

Nando hat im Weißenbacher Thal[4] in 4 Tagen 12 Thiere, 4 Kälber und einen Gemsbock geschossen. Jetzt ist er mit Frau und Tochter in Dresden.[5]

Ich umarme Dich von ganzem Herzen und bleibe Dein, Dich innigst liebender

Papa

Dem Großpapa küsse ich die Hände. Deinen Herrn alles Freundliche.

---

1 Staatsrecht und Nationalökonomie
2 Giselas älteste Tochter Elisabeth (später Gräfin Seefried) wurde am 8. Jänner 1874 geboren.
3 Eisstöße auf der Donau waren im vorigen Jahrhundert in kalten Wintern häufig.
4 Tal, das von Strobl am Wolfgangsee zur Postalm und in das Rinnkogelgebiet führt
5 Großherzog Ferdinand IV. (»Nando«) von Toskana hatte eine Tochter aus

seiner ersten Ehe mit Anna Maria von Sachsen; 1868 heiratete er Alice von Bourbon-Parma, mit der er zehn Kinder hatte.

47 Ofen, den 16. Jänner 1875

Lieber Rudolph,

Herzlichsten Dank für Deinen lieben Brief vom 9., der uns wieder sehr interessirte. Besonders was Du mir über Deine verschiedenen neuen Studien schreibst, befriedigt mich, da ich sehe, daß Du auch an diesen schwierigeren Gegenständen Freude findest.
Daß Onkel Karl ein solcher Gourmand ist, daß er sich selbst bei Dir eingeladen hat, unterhielt uns sehr. Ich denke, das Diner hat seitdem statt gefunden.
Durch Hohenlohe und Traun[1] hast Du wohl von unserer verunglückten Jagd in Babat gehört, bei welcher auch nicht ein Fuchs erlegt wurde. Hohenlohe schoß einen starken Rehbock und einen Hasen und ich, beim Fahren von einem Trieb zum anderen, ein niedergethanes Thier, das war Alles. Wir sahen aber sehr viel Hochwild und der Tag in freier Luft, bei mäßiger Kälte, ohne Wind, war mir unendlich angenehm.
Den Tag vorher hatte Hohenlohe bei 16° Kälte in Valkó mit Schlitten 5 Thiere erlegt. An diesem Tag, nemlich Montag hatten wir hier in Ofen Morgens 11° Kälte. Traun blieb noch Mittwoch draußen und schoß in Kisbag, auch mit Schlitten, 2 Thiere. In der Gegend von Valkó soll bei einem Nachbar ein Rohrwolf[2] geschossen worden sein und in St. Király wurden wieder welche gespürt. Der Jäger Mannhart hat auf dem Kisbager Hotter[3] eine Wildkatze geschossen, die nach der Decke[4] zu schliessen, welche ich gesehen habe und welche Pettera[5] nach Wien geschickt hat, etwas ganz Kolossales ist.
Wir leben jetzt hier sehr still und ruhig und waren noch nicht

einmal im Theater, da das Hinunterfahren bei der Kälte und Glätte nicht einladend ist. Vorgestern war Thauwetter, aber Gestern Früh schon wieder 3° Kälte und Heute dasselbe, dabei Gestern den ganzen Tag dichter Nebel, der noch andauert.
Mama war Gestern in Megyér, um wieder einmal die Pferde und die Hunde zu sehen und Luft zu schöpfen, hat aber starke Halsschmerzen mitgebracht. Valérie ist schon einige Tage nicht aus gewesen, da sie etwas hustet. Sonst ist sie aber sehr wohl und heiter.
Mittwoch hatte ich einen Ministerrath, zu welchem auch einige Minister aus Wien gekommen waren und dann hatten wir größeres Diner mit Damen.
Heute in 8 Tagen sehen wir uns wieder, worauf ich mich sehr freue. Bis dahin lebe wohl, lieber Rudolph.
Indem ich Dich mit Mama und Valérie umarme, bleibe ich Dein, Dich innigst liebender

Papa

Dem Großpapa küsse ich die Hände, Deinen Herrn recht viel Schönes.

1 Graf Otto Abensperg-Traun, Obersthofmeister des Kaisers
2 Kleinere, rötlich-graue Wolfsart, die früher in Ungarn und im östlichen Österreich beheimatet war. Seit Anfang des 20. Jh.s ausgestorben.
3 Gemeindegrenze
4 Weidmännisch für: Balg des Tieres
5 Hubert Pettera, kaiserlicher Jagdleiter

Im Mai 1875 besuchte der Kronprinz die Manöver im ungarischen Komorn. Der Kaiser hielt sich von Anfang Juni bis Ende Juli mit kurzen Unterbrechungen in Ischl auf. Er genoß die Muße, machte Bergwanderungen und ergötzte sich am Jagdvergnügen. Rudolf ging zu dieser Zeit in Wien seinen Studien

nach, dann hielt ihn eine Schafblatternerkrankung in der Stadt fest.
In Ischl gab sich nach alter Tradition beim Aufenthalt des Kaisers die große Welt ein Stelldichein. Es waren anwesend: die Kaiserin mit Valerie, deren Wachstum und Eßlust Franz Joseph eigens anmerkt, Gisela mit Mann und Tochter (kritische Bemerkungen des Vaters über sie lassen aufhorchen), Großherzog Ferdinand IV. von Toskana, Elisabeths Lieblingsbruder Carl Theodor (»Gackel«) und dessen zweite Frau, Maria Josepha von Braganza, Exkönig Franz II. von Neapel und Sizilien und seine Gattin Marie. Am 15. Juli 1875 kam auch der deutsche Kaiser Wilhelm I. auf Kurzbesuch.
Franz Joseph war über den Besuch des »alten Deutschen« ganz und gar nicht erfreut, obwohl er offiziell gute Miene zum unerquicklichen Spiel machte. Er fuhr Wilhelm bis Strobl entgegen und gab in der Kaiservilla für ihn ein paar Empfänge, vor deren Langweiligkeit er schauderte. Es ging dann aber alles besser als erwartet. Wilhelm war besonders gut aufgelegt, und die Soirée war keineswegs so steif, wie es der Kaiser befürchtet hatte.
Erzherzog Franz Carl, der Vater des Kaisers, der vor dem deutschen Besuch nach Aussee geflohen war, kehrte erst nach dessen Abreise nach Ischl zurück, »sobald die Luft rein war«.
Lakonischer Kommentar des Kaisers: »Mehr bequem als höflich.«

48   Ischl, den 5. Juni 1875

Lieber Rudolph,

Innigsten Dank für Deinen lieben, langen Brief aus Comorn vom 1., der uns sehr freute und interessirte. Ich bin sehr froh, daß Du mit Deinem Ausfluge zufrieden warst und Dein Regiment in so gutem Zustande gefunden hast. Beiliegend ein Brief Leopolds, den ich vor einigen Tagen bekommen habe. Wie Du siehst, kommen sie, aber so spät als möglich und nur auf 14 Tage.

Ich habe Gisela geantwortet, daß wir dringend wünschen, sie früher und länger zu sehen. Ob es was nützt, möchte ich bezweifeln. Ich bin schon erstaunt, daß sie überhaupt kommen. Heute Abend kommt Onkel Gackel mit Frau[1] hierher und wird in der unteren Villa wohnen. Wie lange sie bleiben und ob sie von hier noch nach Wien gehen, weis ich nicht. Ich werde am 10. Früh in Schönbrunn eintreffen und freue mich sehr, Dich wieder zu sehen.

Hier geht es uns Allen sehr gut und ich ruhe mich gründlich aus. Seit dem 1. hatten wir herrliches, aber sehr warmes Wetter. Gestern Abend ein Gewitter, das nicht abgekühlt hat, Heute ist es umzogen und es scheint sich zum Regen einzurichten.

Wir speisen um ½3 Uhr, fahren gegen Abend auf den Kaiser Ferdinands Morgen Weg und bleiben dann mit Valérie vor dem Hause, bis sie schlafen geht.

Nur am 2. machte ich mit Salis[2] eine Landparthie in die Gosau[3]. Wir fuhren um 4 Uhr Früh von hier weg, mit dichtem Nebel, der sich erst bei unserer Ankunft in Gosau löste. Wir wollten eigentlich nur zum See gehen, da der Morgen aber gar so herrlich war, entschloß ich mich, auf die Zwisel Alpe[4] zu steigen. In 1¾ Stunden waren wir Oben, ich war mit meinem Steigen zufrieden und wir genoßen die schönste Fernsicht, die ich je gesehen, denn eine so klare Luft wird man selten finden. Groß Glockner, Groß Venediger, Wiesbach Horn etc-etc.[5] sah man so nah und so genau, daß man jeden Felsen in den Schneemassen unterscheiden konnte. Wir gingen dann den geraden Steig von der Alpe zum See[6], viel über Schnee, der Überall in Menge liegt, und nachdem wir uns am Anblick des Sees geweidet hatten, wieder zum Schmied[7], wo wir speisten. Von

Gosau Mühle aus fuhren wir mit einem Kahn bis vor Hallstadt und nach 3 Uhr Nachmittag waren wir wieder hier.
Es ist noch sehr leer hier, aber täglich merkt man eine Vermehrung der Gäste.
Adieu, lieber Rudolph, Dich mit Mama und Valérie von ganzem Herzen umarmend und auf baldiges Wiedersehen, Dein, Dich innigst liebender

Papa

Deinen Herrn Alles Schöne.

1 Carl Theodor (»Gackel«), der Lieblingsbruder Elisabeths, und dessen zweite Gemahlin, Maria Josepha von Braganza
2 Freiherr Carl Salis-Samaden, Flügeladjutant des Kaisers
3 Gebiet zwischen dem Hallstätter See und den Gosauseen in Oberösterreich
4 Westlich von Hinter-Gosau gelegenes Almgebiet mit Hütte und schöner Aussicht
5 Berggipfel in den Hohen Tauern
6 Vorderer Gosausee
7 Gosau-Schmied (Gasthof), am hinteren Ende des Gosautales

49   Ischl, den 15. Juli 1875

Lieber Rudolph,

Wir sind sehr erfreut und beruhigt durch die guten Nachrichten, die uns Latour von Dir gibt. Gott sei Dank, daß es mit Deiner Reconvalescens vorwärts geht und daß Du den Ausschlag so leicht überstanden hast[1]. Sehr traurig ist es nur, daß unsere Familienvereinigung gestört ist, denn Du wirst uns beständig fehlen.
Gisela und Familie sollten also Morgen Abend ankommen, wie ich fürchte, etwas spät, denn der Deutsche[2] reist gleichzeitig nach Salzburg zurück und da werden sie wohl die schlechteren

Postpferde bekommen. Valérie freut sich schon ungeheuer auf die Nichte.[3] Ich habe sie und Mama recht wohl gefunden, nur ist Valérie sehr mager, trotz dem sie enorm viel ißt. Sie wächst eben sehr stark.

Tante Marie und der König[4] haben uns Gestern um Mittag verlassen und sind über Salzburg und München nach Kreuth[5] gereist. Tante Marie ist mit Mama geritten, ziemlich gut, aber nicht außerordentlich.

Gestern ist Nando eingetroffen und in der Post[6] abgestiegen, hat auch schon bei uns gespeist.

Der alte Deutsche[7] reist Heute um 10 Uhr von Salzburg ab, dürfte daher gegen 2 Uhr hier sein. Ich fahre ihm wieder bis Strobel entgegen. Um 3 Uhr ist das Diner. Die Landparthie zum Attersee habe ich bereits abgesagt, da es Heute seit Früh umzogen ist und der Barometer gefallen ist. Jetzt scheint es aber schön zu werden!! Wir werden um ½9 Uhr einen Thee hier im Hause haben, was recht langweilig werden dürfte. Morgen ist noch ein Diner und dann fahrt er ab.

Großpapa[8] ist natürlich bereits Gestern Abend nach Aussee geflohen und kommt Morgen Abend zurück, sobald die Luft rein ist. Mehr bequem, als höflich.

Übermorgen soll die Gemsjagd im Hochkogel[9] sein, Montag in der Schrott[10] und dann einige Tage in Offensee. Ich traue aber dem Wetter gar nicht.

Mama und Valérie umarmen Dich herzlichst und ich bleibe Dein Dich innigst liebender

Papa

---

1 Rudolf war an den Schafblattern erkrankt, wie aus einem Brief Giselas vom 8. Juli 1875 an Rudolf hervorgeht.
2 Gemeint ist Kaiser Wilhelm I., der auf seiner Fahrt zum Kuraufenthalt in Bad Hofgastein Franz Joseph in Ischl einen Kurzbesuch abstattete.
3 Elisabeth, die älteste Tochter Giselas

Kaiserin Elisabeth, Rudolf und Gisela mit der Aja Baronin Charlotte von Welden in Venedig, wo Elisabeth nach ihrer »Flucht« aus Wien die Kinder im Herbst 1861 wiedertraf.

Oben: Elisabeth mit Gisela und dem neugeborenen Rudolf, an der Wand das Bild der toten Sophie.

Links: Rudolf und Gisela um 1862.

Rechts: Der Kronprinz vor der Rudolfsvilla in Reichenau. Aus einer Fotoserie zu Rudolfs drittem Geburtstag.

Oben: Die kaiserliche Familie. Stehend v. l. n. r.: Franz Joseph und seine Brüder Ferdinand Maximilian (mit seiner Frau Charlotte), Ludwig Viktor und Karl Ludwig. Sitzend v. l. n. r.: Elisabeth mit den Kindern, die Großmutter Sophie und Großvater Franz Karl.

Links: Franz Joseph mit den Kindern, um 1860.

Rechts: Rudolf auf einem Holzpferd, um 1862.

Oben: Die Kaiservilla in Bad Ischl, wo Rudolf die meisten Sommer seiner Kindheit verbrachte.

Rechts: Baronin Charlotte von Welden, »Wowo« genannt, die Aja von Kronprinz Rudolf.

Links: Großmutter Erzherzogin Sophie, die bei Rudolf die Mutterstelle einnahm.

Die kaiserliche Familie privat: im Park von Gödöllö, auf Elisabeths Schoß die kleine Valerie (oben); beim Spaziergang (links, um 1862); Vater und Sohn als Jäger (rechts, um 1865).

Nach Wunsch des Vaters sollte Rudolf vor allem ein guter Soldat werden: der Kronprinz in Uniform als 5jähriger (links), als 15jähriger und als 18jähriger (oben).

Rechts: Der 15jährige als Waidmann.

Oben: Der 5jährige Kronprinz mit seinem Hofstaat in Schönbrunn. Rechts von Rudolf stehen Franz Joseph und Erzherzog Franz Karl, links Ferdinand I., der Vorgänger Franz Josephs.

Der liberale Graf Joseph Latour (links oben) löste 1865 Leopold Graf Gondrecourt (links unten) als Erzieher des Kronprinzen ab.

Rechts: Rudolf als ca. 10jähriger.

Rudolf als ca. 9jähriger im ungarischen Kostüm (links), als 15jähriger, als 17jähriger (oben) und als etwa 11jähriger zu Pferd.

Familienbild anläßlich der Verlobung Giselas mit Leopold von Bayern 1872.

4 Franz II. von Neapel-Sizilien und seine Gattin Marie, eine Schwester der Kaiserin
5 Kurort in Oberbayern, südlich von Tegernsee
6 Der Gasthof war ein renommiertes Absteigquartier.
7 Siehe Anmerkung Nr. 2
8 Franz Carl, der Vater Franz Josephs
9 Berg südwestlich des Offensees in Oberösterreich
10 Bergmassiv in der Nähe von Bad Ischl. Richtig: Hohe Schrott.

50   Ischl, den 19. Juli 1875, ½6 Uhr Früh

Lieber Rudolph,

Innigsten Dank für Deine Telegramme und ebenso Latour herzlichsten Dank für seine regelmäßigen Nachrichten, die, Gott lob, immer besser und beruhigender lauten und uns hoffen lassen, daß Du bald wieder ganz hergestellt sein wirst. Wie Du uns hier abgehst, kannst Du Dir denken.
Gisela sieht sehr gut aus, ist noch gewachsen und etwas embellirt; sie ist sehr heiter und zufrieden. Leopold finde ich viel besser, als ich erwartete, und vollkommen im Stande alle Jagden mitzumachen, dabei einsehend, daß er sich schonen muß. Sie wollen im November in den Süden und durch Italien, Malta, Tunis, Algier auf die canarischen Inseln, nach Madeira, dann nach Lissabon, durch Spanien und das südliche Frankreich zurück reisen.[1]
Die Kleine[2] ist sehr kräftig, frisch und unternehmend, läuft famos, spricht noch gar nicht und unterhält sich sehr gut mit Valérie, die ganz glücklich ist, wenn sie mit der Kleinen sein kann. Mit dem Kaiser Wilhelm ist Alles sehr gut gegangen und er war besonders heiter aufgelegt. Sogar die Soirée bei uns, war weniger steif und langweilig, als ich gefürchtet hatte und dauerte bis über 10 Uhr.
Vorgestern sind wir schon um ½2 Uhr Früh auf die Jagd gefah-

ren. Das Wetter war schön, nur sehr warm mit Sirocco, der in der Nacht auf der Höhe Sturm gewesen war und die Treiber von ihren Plätzen vertrieb und noch während des Triebes als schlechter Wind blies. Auch fiel die Jagd recht schlecht aus und dauerte 4 Stunden, statt 3. Wir sahen sehr wenig Gemsen und trotz recht gutem Schiessen, wurden nur 6 Böcke und 6 Gaisen erlegt. Ich schoß einen starken Bock und eine jahrling Gais und roulierte noch einen starken Bock, der aber fort ist.[3]
Leopold schoß 3, Nando 1, Hohenlohe 3, Mondl 2 und Wersebe[4] 1 Stück.
Um 2 Uhr bin ich hier mit Leopold und den Herrn geschwommen, bei 17° das Wasser, herrlich!![5] und um ½3 Uhr war Diner mit Großpapa, Nando und Gefolge, 18 Personen.
Gestern regnete es den ganzen Tag und jetzt ebenso, doch fangt der Barometer endlich zu steigen an. Leider war Gestern Vollmond, also Aussicht auf dauernd schlechtes Wetter.
Die Schrott Jagd, die Heute sein sollte, mußte ich auf Mittwoch verschieben und so fahren wir in einer Stunde, nemlich um 7 Uhr, nach Offensee, wo gleich der Haustrieb, und, wenn das Wetter es erlaubt, Nachmittag der Grünberg[6] genommen werden soll.
Morgen bleiben wir noch in Offensee und kehren von dort über die Schrott, wenn das Wetter die Jagd gestatten wird, Mittwoch hierher zurück.
Ich hoffe, daß Du bald nach Offensee kommen kannst, wo die gute Luft Dir gewiß gut thun würde. Wir sind sehr froh, daß Pálffy[7] nicht die Blattern bekommt und hoffen, daß er bald wieder hergestellt sein wird.
Dich mit Mama und Valérie umarmend und auf baldiges Wiedersehen hoffend, Dein, Dich innigst liebender

Papa

Deinen Herrn Alles Freundliche.

1 Die Reise nahm einige Monate in Anspruch. Sie währte von November 1875 bis April 1876.
2 Giselas älteste Tochter Elisabeth
3 Ein Bock, der rouliert, verendet nach einem Blattschuß im Normalfall sofort. Bei einem sog. Krellschuß, um den es sich hier offenbar gehandelt hat, trifft das Geschoß die federförmigen Dornfortsätze des Rückenwirbels, wodurch das Tier jählings zusammenbricht. Es kann aber innerhalb kurzer Zeit hochkommen und wie gesund abgehen, ohne daß man es zur Strecke zu bringen vermag.
4 Gustav Freiherr von Wersebe, General der Infanterie
5 Der Kaiser und seine Adjutanten dürften in der Ischl gebadet haben.
6 Berg südwestlich des Offensees in Oberösterreich
7 Graf Andreas Pálffy-Erdöd, Kammerherr im Hofstaat des Kronprinzen

51 Ischl, den 22. Juli 1875, ½6 Uhr Früh

Lieber Rudolph,

Besten Dank für Deine Telegramme, so wie früher für jene Latours. Da es Dir Gott lob, immer besser geht und Du Gestern das zweite Bad nehmen konntest, so wirst Du hoffentlich bald reisen können und Dich in der guten Gebirgsluft vollkommen herstellen.
Gestern sind wir um 4 Uhr Früh von Offensee bei strömendem Regen zurückgekommen. Wir wollten die Schrott jagen, ich mußte die Jagd aber bei der Kesselbachbrücke absagen und wir fuhren hierher. Es regnete bis Nachmittag und heiterte sich Abends auf.
Heute ist es neblig und das Wetter bis jetzt unbestimmt. Um 8 Uhr fahren wir nach Langbathsee, wo ich meinen Kurier arbeite und wo Nachmittag, wenn das Wetter es erlaubt, die Rothengraben[1] Gemsjagd sein soll. Übermorgen gegen Mittag kommen wir wieder hierher zurück.

In Offensee waren wir vom Wetter ziemlich begünstigt, denn obgleich es öfter regnete, hatten wir während den Trieben immer schönes, sonniges Wetter. Gleich nach unserer Ankunft um 9 Uhr, wurde der Haustrieb genommen in welchem, wegen des nassen Wetters, nur ein Hirsch war, den Wiederhofer beim Bache fehlte. Um 4 Uhr Nachmittag wurde im Grünberg angetrieben und leider der Trieb größer als sonst genommen, wodurch zwar viele Gemsen herein kamen, aber 11 Hirsche durch die Treiber zurückbrachen, so daß ich über 30 Gemsen, aber nur 5 Stück Hochwild sah. Der Trieb dauerte fast 4 Stunden statt 2, wie sonst.

... *(Es folgt eine Aufzählung aller Schützen mit der Art und Anzahl der erlegten Tiere.)*
Die kleine Elisabeth kommt immer nach Tisch herauf und spielt mit Valérie, wobei sich Beide sehr gut unterhalten und wir zusehen.
Wowo ist Vorgestern von Gmunden gekommen und wohnt unten in der Villa bei Gisela.
Adieu lieber Rudolph, auf baldiges Wiedersehen. Dein, Dich innigst liebender

Papa

Deinen Herrn viele Grüße.

1 Graben südwestlich des Feuerkogels in Oberösterreich

Nach seiner Schafblatternerkrankung erholte sich der Kronprinz einige Wochen in Ischl, während der Kaiser in Wien wieder seinen mühsamen Regierungsgeschäften nachging. Ein Aufstand der slawisch-christlichen Bevölkerung in Bosnien, der Herzegowina und Bulgarien gegen den willkürlichen Steuerdruck der türkischen Beamten, der im Juli 1875 ausbrach, hielt Franz Jo-

seph in der Hauptstadt fest, so daß Rudolf seinen 17. Geburtstag (wieder einmal) von der Familie getrennt verbringen mußte. Die Kaiserin vergnügte sich mit Valerie in der Normandie beim Schwimmen, Spazierengehen und Hindernisreiten und erlitt dort am 18. September einen schweren Reitunfall mit Gehirnerschütterung. Der Kaiser gab Audienzen, inspizierte Truppenverbände und nahm an den Manövern in Bruck an der Leitha teil, zu denen sich auch der Kronprinz einfand. Die Kaiserin kam Mitte Oktober über München und Wien nach Gödöllö, wo es nach ihrem schweren Unfall ein Wiedersehen zwischen den Ehegatten gab. Der Kaiser vergnügte sich bei der Reit- und Fuchsjagd. Zu Jahresende übersiedelte das Kaiserpaar nach Ofen, wo Elisabeth von Kopfschmerzen und starkem Nasenbluten gepeinigt wurde.

52 Laxenburg, den 2. August 1875

Lieber Rudolph,

Innigsten Dank für Deinen lieben Brief vom 31., den ich Gestern zu meiner großen Freude erhielt. Gott sei Dank, daß es Dir immer besser geht und daß die herrliche Gebirgsluft Dir wohl thut. Bald wirst Du jagen können und dabei hoffentlich vom Wetter mehr begünstigt sein, als wir.
Die Studien hast Du also auch wieder begonnen und ich bin überzeugt, daß Du denselben mit gewohntem Fleiße obliegen wirst, besonders auch den juristischen Gegenständen, die für Dich von eben so großer Wichtigkeit sind, wie die militärischen. Auch ich bin sehr traurig, daß ich Dich nur so kurz auf der Strasse sehen konnte und daß unsere Familienvereinigung durch Deine Krankheit vollkommen gestört wurde. Ob ich

noch einmal nach Ischl kommen kann, weis ich noch nicht, da hier ziemlich viel zu thun ist, ich auch die Truppen besichtigen muß und der Aufstand in der Herzegovina so bedenkliche Dimensionen annimmt, daß meine dauernde Gegenwart hier vielleicht nothwendig werden dürfte.[1] Ich hoffe jedoch, daß Du noch nach Bruck wirst kommen können und von dort gehen wir nach Schönbrunn.

Hier fand ich es viel kälter, als in Ischl, Vorgestern war es wärmer, Gestern regnete es einige Stunden sehr stark, der Abend war aber wieder schön und Heute Früh ist es kühl, windig und da der Barometer gestiegen ist, wird wohl ein schöner Tag werden.

Am Tage meiner Ankunft und Vorgestern konnte ich im Ganserl Bad baden, mit nur 17° das Wasser.

Gestern war ich den Vormittag in der Stadt, wo ich mehrere Minister zu sprechen hatte. Heute habe ich 110 Audienzen, Morgen und Übermorgen lasse ich die beiden Artillerie Regimenter auf der Simmeringer Haide exerziren und Freitag und Samstag nehme ich Infanterie Regimenter vor.

Nächste Woche gehe ich auf 2 Tage nach Bruck. Sage Latour in meinem Namen, er möge die Güte haben, die Geschenke für Deinen Geburtstag zu bestellen.

Dich von ganzem Herzen umarmend, Dein Dich innigst liebender

Papa

---

[1] Im Juli 1875 erhob sich die christliche Bevölkerung der Herzegowina gegen die türkische Verwaltung. Der Aufstand griff auch auf Teile Bosniens über. Zahlreiche Menschen flüchteten auf das Hoheitsgebiet Österreich-Ungarns.

53 Bruck an der Leitha, den 23. August 1875

Lieber Rudolph,

So eben habe ich Deinen lieben Brief von Gestern erhalten, der mich sehr freute und für welchen ich Dir herzlichst danke. Beiliegend schicke ich Dir einen Brief der Mama mit der Bitte, ihn mir wieder zurückzusenden. Gott sei Dank, daß von ihr und Valérie immer so gute Nachrichten kommen.[1] Auch ich bedauere innigst, daß Du an Deinem Geburtstag so ganz allein warst und ich nicht nach Ischl kommen konnte, um diesen Tag mir Dir zuzubringen. Indessen freue ich mich unendlich auf Dein Eintreffen hier, wo du hoffentlich einige angenehme und belehrende Tage zubringen wirst. Ich bin Heute Früh um 7 Uhr von Laxenburg hier eingetroffen und gleich am Bahnhofe zu Pferd gestiegen. Es war ein Rencontre Gefecht zwischen hier und Winden[2] gegen den Neusiedler See. Brigade Bibra[3] gegen Brigade Pielsticker[4], jede mit 3 Eskadronen des 1. Uhlanen Regimentes. Ein sehr gelungenes und interessantes Manöver, von den Truppen mit großer Ruhe, Ordnung und Feuerdisciplin durchgeführt und von den beiden ausgezeichneten Brigadieren sehr gut disponiert und geleitet.
Das Wetter war kühl, der Himmel ganz umzogen. Jetzt um ½2 Uhr regnet es, was, wenn es nicht zu arg wird, zum Löschen des Staubes recht gut ist.
Die Cavallerie Division übte für sich gegen Markierung. Da es Heute ihre erste Übung war, ließ ich sie in Ruhe und werde erst Morgen die Cavallerie Übung mitmachen. Fritz[5] kommandirte Heute eine Eskadrone des 1. Uhlanen Regimentes. Albrecht ist auch hier und Heute kam auch der Kronprinz von Hannover[6].
Aus einem Telegramm Latours habe ich mit Bedauern ersehen, daß die heutige Jagd nicht stattfinden konnte. Wenn wir nur

nicht jetzt längeres Regenwetter bekommen. Auch bei uns war am 20. eine entsetzliche Hitze, am 21. war es, wahrscheinlich in Folge des Gewitters, das bei Euch niedergegangen ist, in der Früh umzogen und noch schwül. Unter Tags wurde es bei starkem Wind und einigen schwachen Strichregen, recht kühl, Abends heiterte es sich auf und Gestern hatten wir einen herrlichen Tag mit frischer Luft.

Vorgestern war ich Deinen Geburtstag zu Ehren in der Messe und blieb den Tag in Laxenburg. Gestern bin ich nach der Sonntags Messe in die Stadt gefahren, wo ich zu thun hatte. Beide Tage konnte ich, mit 18° das Wasser noch baden.

Die Insurrektion in der Herzegovina und in Bosnien scheint sich immer mehr auszudehnen, obwohl in den letzten Tagen nicht viel Neues zu erfahren war. Nur die Zahl der zu uns Flüchtenden nimmt immer fort zu, was recht unbequem ist.

Heute habe ich um 4 Uhr, und so täglich, großes Diner. Heute speist auch Braganza[7] bei mir.

Lebe wohl, lieber Rudolph. Auf hoffentlich baldiges Wiedersehen.

Dich von ganzem Herzen umarmend, Dein, Dich innigst liebender

Papa

Dem Großpapa küsse ich die Hände. Deinen Herrn Alles Schöne.

---

1 Die Kaiserin hielt sich mit Valerie in der Normandie auf, wo sie dem Reitsport frönte. Den guten Nachrichten folgte bald eine schlechte. Am 11. September 1875 erlitt Elisabeth einen Reitunfall mit Gehirnerschütterung.
2 Ort am Neusiedler See
3 Freiherr Wilhelm von Bibra von Gleicherwiesen, Brigadier
4 Ludwig Ritter von Pielsticker, Brigadier

5 Erzherzog Friedrich, der sich als junger Offizier seine ersten militärischen Sporen verdiente
6 Ernst August, Kronprinz von Hannover
7 Dom Miguel von Braganza, Offizier in der k. u. k. Armee

54 *(September 1975)*[1]

Ich habe folgende Telegramme von Nopcsa[2] erhalten:
1. Befinden in jeder Beziehung zufriedenstellend. Heute wird kurzer Ritt im Schritt versucht.
2. Projektire Ankunft in Schönbrunn 7. Oktober Morgens. Gräfin schrieb gestern; Bericht von mir folgt heute.

Ich umarme Dich von ganzem Herzen
FJ

1 Der Brief ist undatiert.
2 Baron Franz Nopcsa, Obersthofmeister der Kaiserin
Die Telegramme beziehen sich offenbar auf das Befinden der Kaiserin nach ihrem Reitunfall in der Normandie.

55 Ofen, den 30. Dezember 1875

Lieber Rudolph,

Innigsten Dank für Deinen lieben, langen Brief von Vorgestern, der uns sehr freute, so wie für die Mittheilung von Giselas so interessanten Briefes, den ich hier beischliesse.
Auch ich habe den gleichen Wunsch wie Du, wenn Gisela und Leopold nur schon wieder glücklich in München wären! Denn die Seereise in diesen Gegenden ist recht unheimlich.[1]
Die liebe Mama hatte zwar die letzten Tage weniger Kopfschmerzen, dafür Gestern sehr starkes Nasenbluten, das schon in der Früh in Gödöllö begann, und nach der Ankunft hier wieder eintrat und so stark war, daß es kaum zu stillen war. Die

Nacht scheint ruhig abgelaufen zu sein, wenigstens bin ich nicht geweckt worden, wozu ich Befehl für den Fall einer Verschlimmerung gegeben hatte. Wir sind Gestern um ½12 Uhr mit der Eisenbahn von Gödöllö abgefahren, worüber sich nur Valérie freute, die die Abwechslung liebt. Es war in der Früh gefroren mit starkem Winde und schneite auch ein wenig, so daß ich es aufgab zur Reitjagd zu fahren, die vielleicht recht gut gegangen wäre, da es später stark thaute. Ob gejagt worden ist, weis ich noch nicht. Heute ist Jagd in Megyér angesagt, allein jetzt sind 6½° Kälte, bei sternhellem Himmel!
Am 27. hatten wir eine recht hübsche Reitjagd bei Fóth. Die Felder waren weich und nur die Wege gefroren. Es wurde zuerst ein Thier gejagt, und nach kurzem runn[2] halali[3] in einem Weingarten, gerade recht, ehe wir in die ganz gefrorenen Berge gekommen wären. Dann wurden nach einander zwei Füchse aus dem großen Dunakészer Cover[4] gejagt, von denen der eine, obwohl ein alter, sehr starker Fuchs, so dumm war, gleich außer dem Cover umzukehren und den Hunden entgegen zu laufen, die ihn auch gleich fingen, während der Andere verloren wurde.
Am 26. und 28. war ich pirschen. Es war so fest gefroren und so laut, daß ich den ersten Tag nur beim Hinfahren in Mártonberek ein Kalb und Vorgestern beim Pirschen in St. Király ein Thier erlegte.
Beide Tage sah ich den Adler. Mondl hat am 26. in Juharos ein Kalb und am 27. und 28. je ein Thier geschossen, Némethy[5] am 28. in Kisbagh auch ein Thier auf die Decke gebracht.
Ich bin ganz einverstanden, daß Du der Kaiserin von Rußland schreibst[6] und ihr Deine und Valéries Photographien schickest. Ich muß schliessen, um zu arbeiten.
Mit Mama und Valérie umarme ich Dich von ganzem Herzen und bleibe Dein, Dich innigst liebender

Papa

Dem Großpapa küsse ich die Hände. Deinen Herrn Alles Schöne.

1 Gisela und ihr Gatte befanden sich zu diesem Zeitpunkt auf der Überfahrt von Sizilien nach Algier.
2 Run (engl.): schneller Galopp
3 Halali: Signal, das das Ende einer Jagd anzeigt
4 Cover (engl.): Lager, versteckter Ruheplatz von Wild
5 Graf August Némethy von Némethfalva, Flügeladjutant des Kaisers
6 Maria Alexandrowna (Marie von Hessen-Darmstadt), die Gemahlin Zar Alexanders II.

Wie schon im Jahr zuvor, brachte das Kaiserpaar auch 1876 den Monat Jänner mit Marie Valerie in Ofen zu, während der Kronprinz in Wien seinen Studien nachging und eifrig Briefe mit Berichten über seine Tätigkeit und mit Neuigkeiten in die ungarische Hauptstadt sandte.

Der Kaiser führte Gespräche mit Ministern aus den beiden Reichshälften, stattete der Kadettenschule und dem Rochus-Spital in Pest einen Besuch ab, nahm an ein paar Bällen (Offiziersball im Militärcasino, Hofball) teil und gab Diners und Audienzen.

Die achtjährige Marie Valerie veranstaltete am Neujahrstag eine Kinder-Soirée, an der offenbar auch der Kaiser als Zuschauer Gefallen fand.

Die Kaiserin litt an Kopfschmerzen und Migräne. Sie mußte einmal sogar eine Tischgesellschaft verlassen und ihr Zimmer aufsuchen, wo sie sich erbrach. Mitte des Monats Jänner 1876 reiste sie zu ihrer Mutter nach München, die an Schwächezuständen litt. Die Krankheit erwies sich als weniger ernst als angenommen, und Elisabeth kehrte nach ungefähr einer Woche wieder nach Ofen zurück.

Ofen, den 4. Jänner 1876

Lieber Rudolph,

Nochmals meinen herzlichsten Dank für Deinen lieben Brief vom 30., der uns sehr freute, wie Dein Schreiben vom selben Tage an die liebe Mama. Deine Glückwünsche zum neuen Jahr erwiedere ich von ganzem Herzen und rechne mit Zuversicht auf die Erfüllung Deiner Versprechen. Gott segne Dich!
Onkel Karl scheint es jetzt fortgesetzt besser zu gehen[1], da Ludwig mir telegraphirt hat, daß er seine täglichen Nachrichten nicht mehr nothwendig hält. Es muß übrigens in Wien ein förmliches Spital sein, da Du Alle mehr oder weniger übel aussehend und in trüber Stimmung gefunden hast.
Mama hat öfter Kopfschmerzen und Valérie etwas Schnupfen, ist aber dabei sonst wohl und heiter. Es geht uns eben Allen die Landluft ab. Dabei war es die letzten Tage wieder recht kalt, der Boden ist fest gefroren und es liegt wieder etwas frischer Schnee. Die Donau führt ziemlich viel Treibeis. Ich fürchte fast, daß es mit den Reitjagden ganz aus sein wird.
Am Neujahrstag hatte Valérie Abends Kinder Soirée. Klotilde[2] kam mit ihren 2 Töchtern und ihrem älteren Sohn, dann waren 2 Mädchen Karácsonyi[3], die kleine Andrássy[4] und 2 Buben Szapáry[5]. In Mamas Salon wurde unter Herrn Raabs[6] Leitung getanzt, was aber sehr confus ging, nur Csárdás tanzten einige Kinder mit großer Virtuosität.
Vorgestern und Gestern hatte ich Herrn Diners mit 30 Personen und Heute wird wieder eines sein. Gestern speisten auch die 4 Minister aus Wien bei mir, die jetzt zu Verhandlungen mit den hiesigen Ministern hier sind.[7]
Übermorgen ist das erste Damen Diner. In St. Király sind bis jetzt bei der großen, allgemeinen Nachsuche 4 Thiere und

2 Kälber gefunden worden, die Suche sollte aber noch fortgesetzt werden.
Von Nando habe ich einen Brief aus Ischl vom 31. erhalten. Er hat in 4 Tagen 12 Thiere und 1 Fuchs und Maineri[8] eines geschossen. Er wollte am 31. die Großherzogin, die ihn begleitet hatte, nach Salzburg zurück begleiten und dann am 2. Abend wieder in Ischl eintreffen, um noch bis 5. zu jagen. Er hatte ziemlich mildes Wetter mit viel Schneegestöber und Stürmen. Ich hoffe daß Dein Besuch in der Uhu Hütte des Draxler[9] gute Resultate gehabt hat und bin sehr neugierig darüber zu hören. Ich muß schliessen, um zu arbeiten. Dich mit Mama und Valérie von ganzem Herzen umarmend, Dein, Dich innigst liebender

Papa

Dem Großpapa küsse ich die Hände.

1 Der Bruder des Kaisers war offenbar an einer Grippe erkrankt.
2 Klothilde von Sachsen-Coburg, die Gattin von Erzherzog Josef
3 Ilma (geb. 1867) und Helene (geb. 1870), die Töchter des Grafen Guido Karáczony
4 Maria Andrássy (geb. 1865), die Tochter von Alfred Andrássy
5 Die Söhne des damaligen ungarischen Außenministers Graf Julius Szapáry: Georg August (geb. 1865) und Laurenz August (geb. 1866)
6 Johann Raab, Hoftanzmeister
7 Es waren dies: Ministerpräsident Fürst Adolf Auersperg, Innenminister Freiherr Joseph von Lasser, Finanzminister Freiherr Sisinio von Pretis-Cagnodo und Handelsminister Ritter Johann von Chlumetzky.
8 Josef Freiherr von Meineri, Dienstkämmerer Ferdinands IV.
9 Diese Bemerkung bezieht sich auf eine Jagdart, die heute verboten ist, die Hüttenjagd. Bei dieser wurde ein Uhu als Lockvogel auf einem zugestutzten Baum (die sog. Jule oder Hackbaum) angepflockt, um Krähen und Greifvögel anzulocken. Der Jäger konnte von einer Hütte aus die den Uhu angreifenden Vögel erlegen.

57   Ofen, den 6. Jänner *(1876)*

Beiliegenden Brief Giselas, den ich erst Heute erhielt, bitte ich Dich, nachdem Du ihn gelesen, mir zurückzuschicken. Durch unsern Consul in Tunis hatte ich schon vor einigen Tagen Bericht, über Leopolds und Giselas Abreise von Tunis nach Algier, am 28. Dezember.
Hier ist vorige Nacht ein enormer Schnee gefallen und dabei ist es immer kalt.
Wir umarmen Dich von ganzem Herzen.
Dein Dich innigst liebender

                         Papa

58   Ofen, den 8. Jänner 1876

Lieber Rudolph,

Herzlichen Dank für Deinen lieben Brief vom 5., den ich erst Gestern Früh erhielt. Beiliegend schicke ich die 3 Photographien Valéries für den bewußten Zweck zum Aussuchen, oder, wenn Du willst, kannst Du auch Alle schicken. Die eine ist ziemlich neu, die beiden Anderen sind 2 Jahre alt. Es war das einzige Gute, was Mama hatte.
Ich freue mich, daß Deine neuen Studien Dich interessiren und daß Du Dich denselben mit vollem Eifer hingibst.
Fürst Taxis[1] sagte mir, daß er sich selbst mit Deinem Reiten auf der spanischen Schule[2] abgeben will, worüber ich sehr froh bin, da er ein so ausgezeichneter Reiter ist. Ich war ganz erstaunt, daß Du nicht beim Draxler warst, da ich in der Zeitung gelesen hatte, daß Du am Sonntag mit Eisenbahn hingefahren wärest.
Hier ist es auch immer kälter und kälter. Heute sind 11° und

dabei liegt eine Masse Schnee, wie man sie hier selten sieht. Das Eis war Gestern auf der Donau noch in Bewegung, aber schon sehr langsam und gedrängt, das Wasser sehr hoch und im Steigen, da Unten der Eisstoß schon fest steht. Leider sind unter Pest auch einige Gegenden überschwemmt. Mittwoch hatte ich ungefähr 40 Audienzen, Vorgestern war das Diner mit einigen Damen und auch die Wiener Minister speisten wieder da. Mama, die schon den ganzen Tag Migräne hatte, mußte vom Tisch aufstehen und kaum war sie in ihrem Zimmer, so erbrach sie sich. Gestern ging es ihr, Gott lob, schon besser.

Heute habe ich ein Herrn Diner und Morgen soll wieder eines mit Damen sein. Sonst leben wir sehr still einen Tag wie den Anderen und gehen höchstens im Garten spazieren. Bei dieser Kälte kann man sich nicht entschliessen, Abends den weiten Weg nach Pest zu fahren.

Die Minister aus Wien kehren heute Früh dahin zurück, nach dem sie hier täglich bei Andrassy[3] Besprechungen mit einigen der hiesigen Minister hatten, die ziemlich befriedigend ausfielen.

Adieu lieber Rudolph, Dich mit Mama und Valérie umarmend, Dein, Dich innigst liebender

Papa

1 Fürst Emerich Thurn und Taxis, Oberstallmeister des Kaisers
2 Gemeint ist die Spanische Hofreitschule.
3 Graf Julius Andrássy, seit 1867 ungarischer Ministerpräsident, seit 1871 k. u. k. Minister des Auswärtigen

Ofen, den 15. Jänner 1876

Lieber Rudolph,

Du bist so fleißig im Schreiben, daß wir immer, zu unserer großen Freude, Nachrichten von Dir haben.
Herzlichen Dank von mir und von Mama für Deine lieben Briefe vom 12. Nopcsa[1] und Hohenlohe erzählten uns auch von Dir. Beiliegend wieder ein Brief Giselas an Mama. Es scheint, daß sie endlich in Algier doch eine längere Station machen, denn bisher war die Reise mehr eine Hetze, was bei den interessanten Ländern doch sehr schade ist. Ich habe keine Idee, wohin sie von Algier aus zunächst gehen werden, nur weis ich von Lissabon, daß der Hof sie dort mit Freude erwartet! Das wird ein schönes Incognito sein.[2]
Ich bedaure, daß du jetzt nicht auf die Adlerjagd kannst, denn die gesperrten Jagden im Thiergarten sind ein mattes Vergnügen. Geht denn der Großpapa schon auf Fuchsjagden? Hier ist es jetzt seit einigen Tagen wärmer, aber da es in der Nacht noch immer friert, so geht der Schnee nicht weg und auch der Boden bleibt sehr hart. Von den Schneefällen und Stürmen, die jetzt bei Wien waren, sind wir hier verschont geblieben.
Seit es wärmer ist, hat die Mama keine Kopfschmerzen mehr und ist, Gott lob, wieder recht wohl. Valérie geht täglich auf der Bastei spazieren, ich mache im Garten ein wenig Bewegung. Vorgestern hatten wir wieder Damen Diner, zu welchem auch Klotilde und die junge Coburg[3] kamen. Ihre Männer sind bei Joseph in Kisjeno[4] auf der Schweinsjagd und kommen erst Morgen zurück.
Heute Abend gehe ich auf einen Ball im Militär Casino, der zum Besten von Hernals gegeben wird, Morgen haben wir die große Arbeit des Hofballes, bei welchem ein großer Mangel an Damen sein wird.

Übermorgen will ich die Kadeten Schule im Neugebäude, die mit 400 Schülern neu zusammengestellt ist, visitiren. Ich glaube, daß ich Dir noch nicht geschrieben habe, daß Nando bei seinen 2 Aufenthalten in Ischl am 3., 4. und 5., 17 Stück Hochwild und Maineri ein Stück geschossen haben, so daß im Ganzen Nando 29 Stück Hochwild und einen Fuchs und Maineri 2 Stücke Hochwild erlegten. Ein famoses Resultat! In St. Király sind bei der großen, allgemeinen Nachsuche noch ein Spießer[5], 6 Thiere und 2 Kälber gefunden worden, so daß die Gesamtsumme des Heuer in Gödöllö erlegten Hochwildes 198 Stücke ausmacht.
Nun lebe wohl, lieber Rudolph, Dich mit Mama und Valérie von ganzem Herzen umarmend, Dein, Dich innigst liebender

Papa

Dem Großpapa küsse ich die Hände, Deinen Herrn Alles Freundliche.

1 Baron Franz Nopcsa von Felsöszilvás, Obersthofmeister der Kaiserin
2 In Portugal regierte damals Ludwig I. aus dem Haus Braganza. Gisela und Leopold reisten offenbar inkognito.
3 Klothilde, die Gemahlin Erzherzog Josefs, und Amalia von Sachsen-Coburg, die mit Elisabeths jüngstem Bruder, Max Emanuel, verheiratet war.
4 Kis-Jenö: Ort im Komitat Arad mit Schloß, Park und Musterwirtschaft des Erzherzogs Josef
5 In der Jägersprache ein einjähriger Hirsch

Ofen, den 20. Jänner 1876

Lieber Rudolph,

Für zwei liebe, interessante Briefe, vom 16. und vom 18. habe ich Dir zu danken, so wie für die Mittheilung von Giselas Schreiben, das ich nebst dem Telegramm der Kaiserin Maria Anna[1] hier beischliesse. Ich komme erst Heute dazu, Dir zu antworten, weil ich jetzt auch an Mama zu schreiben habe[2] und mir daher weniger Zeit für Dich und Gisela bleibt. Die Nachrichten, die Du mir über Mamas kurzen Aufenthalt in Wien gibst, waren mir sehr beruhigend, denn außer täglichen Telegrammen, habe ich noch keine schriftlichen Mittheilungen von ihr. Auch über die arme Großmama waren die Nachrichten, die Du von Onkel Ludwig erfuhrst und mir geschrieben hast, das erste, etwas Genauere, was ich über sie erfahren habe. Es scheint leider recht schlecht zu gehen, trotz den beruhigenden Nachrichten der letzten Tage und es ist doch gut, daß Mama nach München ist, denn sie wäre sonst leicht zu spät gekommen.
Mir scheint die Schwäche ist das Gefährlichste an Großmamas Zustand und diese bessert sich nicht, trotz den sonstigen beruhigenderen Erscheinungen. Gott sei Dank, daß die kalte Reise Mama nicht geschadet hat und Gott gebe, daß sie uns bald gesund zurückkomme.
Ich bleibe vor der Hand hier und warte die Ereignisse ab, um so mehr, da ich nicht weis, ob Mama noch hierher, oder gleich nach Wien kommen wird. Auch hat Wiederhofer sagen lassen, daß er erst Ende der Woche bestimmen kann, ob und wann Valérie nach Wien kann. Er hat nemlich dort einen bedenklichen Stand der Krankheiten entdeckt.[3]
Valérie geht hier täglich spazieren mit Tochter und Sohn des Feldzeugmeisters Szapáry[4], die auch in Ofen wohnen, Sonntag

Abend waren Josephs Töchter[5] und noch andere Kinder bei ihr. Sie ist aber wirklich sehr um Großmama besorgt und sehnt sich sehr nach Mamas Rückkehr.

Nach einer Reihe kalter Täge hatten wir Gestern sonniges warmes Wetter und es fing an zu thauen. Heute sind wieder 3° Kälte. Die Donau steigt, trotz der Eisdecke, immer noch und in einigen Kellern ist schon Wasser. Wenn plötzliches Thauwetter kommt, so kann es bös werden.

Sonntag war ich auf einem Offiziersball im Militär Casino, der recht hübsch war, Montag im Neugebäude in der Kadettenschule, die seit einigen Wochen neu organisirt und 400 Köpfe stark ist. Ich war zufrieden. Gestern besuchte ich das städtische Rochus Spital in Pest, das ich viel besser fand, als ich erwartet hatte. Täglich gebe ich jetzt Herrn Diners mit Magnaten, Bischöfen und Deputirten. Lebe wohl, lieber Rudolph, auf hoffentlich baldiges Wiedersehen. Es umarmt Dich von ganzem Herzen Dein, Dich innigst liebender

Papa

Dem Großpapa küsse ich die Hände.

1 Kaiserin Maria Anna, die Gemahlin Kaiser Ferdinands I. von Österreich
2 Elisabeth reiste für einige Tage zu ihrer erkrankten Mutter nach München.
3 Es handelte sich offenbar wieder um epidemieartige Krankheiten, von denen man die Kinder natürlich fernzuhalten versuchte.
4 Graf Julius Szaparys Tochter Ilona wurde 1872 geboren.
5 Erzherzog Josef hatte zwei Töchter, die im Alter Valeries waren: Maria Dorothea (geb. 1867) und Margarete (geb. 1870).

Ofen, den 25. Jänner 1876

Lieber Rudolph,

Herzlichsten Dank für Deinen lieben Brief vom 23., der mich sehr freute und durch seine Beschreibung der, leider wieder verunglückten Adlerjagd, interessirte.
Beiliegend ein Brief Giselas, von der wir, wenn sie einmal im Ocean ist, wohl seltener Nachricht haben werden.
Gestern ist Mama um 3 Uhr glücklich hier am Bahnhofe angekommen, von wo wir gleich herauf fuhren und dann gleich zusammen bei Valérie speisten. Gott lob ist sie im Ganzen wohl und hatte nur etwas Kopf- und Halsweh, was nach der langen Eisenbahnfahrt natürlich ist.
Mama wird mit Valérie am 31. nach Wien kommen und ich denke Morgen Abend hinauf zu fahren und freue mich schon sehr, Dich endlich wieder zu sehen.
Bis dahin umarme ich Dich von ganzem Herzen und bleibe Dein, Dich innigst liebender

Papa

Die letzten Briefe Franz Josephs an seinen Sohn in dieser Sammlung streuen über ein Jahr, vom 23. Juli 1876 bis 14. Oktober 1877. Sie enthalten die üblichen privaten Mitteilungen. Der Kaiser berichtet Rudolph über das Befinden der Kaiserin und Valeries, über Audienzen und Soiréen, das Wetter und die Jagd.
Zum erstenmal erwähnt er – positiv urteilend – auch ein kulturelles Ereignis, das im Jänner 1877 im Salon des Ofener Königsschlosses anläßlich eines Damen-Diners in Szene ging: die berühmte schwedische Sängerin Kristina Nilsson gab vor der kaiserlichen Familie einen Liederabend.

Hinter den vagen Andeutungen über die Kämpfe in der Nachbarschaft und dem »vielen Herumfahren, das viel Zeit wegnahm«, im Brief Nr. 62 vom 23. Juli 1876 verbarg sich ein brisantes politisches Geschehen. Der Aufstand in der türkischen Provinz Bosnien und der Herzegowina hatte sich verschärft und internationalisiert. 1876 erklärten Serbien und Montenegro der Türkei den Krieg. Nun traten auch die benachbarten Großmächte auf den Plan. Franz Joseph traf am 8. Juli 1876 im nordböhmischen Schloß Reichstadt mit Zar Alexander II. zusammen. Es wurde vereinbart, daß im Falle eines russisch-türkischen Krieges Österreich-Ungarn neutral bleiben sollte. Als Entschädigung für diese wohlwollende Neutralität sollte es Bosnien und die Herzegowina erhalten, eine Vereinbarung, die 1878 zur militärischen Okkupation des Gebietes durch die k. u. k. Armee führte.

Die unglückliche Bankangelegenheit, auf die Franz Joseph in seinem Schreiben vom 19. Jänner 1877 anspielt (Nr. 64), betraf die Errichtung einer selbständigen ungarischen Notenbank im Zuge der Ausgleichsverhandlungen des Jahres 1877.

Der Kronprinz beendete am 24. Juli 1877 seine Studienzeit und erhielt mit Graf Charles Bombelles einen neuen Obersthofmeister. Er unternahm im Herbst eine Reise durch Tirol und in die Schweiz. Danach besichtigte er die in Schlesien gelegenen Domänen von Erzherzog Albrecht. Ein Hinweis darauf findet sich im letzten der hier abgedruckten Briefe des Kaisers.

62 Laxenburg, den 23. Juli 1876

Lieber Rudolph,

Endlich komme ich dazu, Dir für Deine beiden Briefe von ganzem Herzen zu danken. Sie freuten und interessirten mich sehr und ich hätte schon lange geantwortet, wenn ich mehr Zeit hätte. Ich habe noch immer ziemlich viel zu thun und das viele Herumfahren nimmt auch viele Zeit weg.[1]

Die Kämpfe in unserer Nachbarschaft ziehen sich in die Länge und es kommt zu keiner Entscheidung,[2] doch da wir politisch und militärisch Alles gethan haben, was für den Augenblick nothwendig war, so bin ich für unsere Zukunft beruhigt und hoffe die Tage in Ischl mit der vereinigten Familie ungestört zubringen zu können.

Mama hofft am 28. in Ischl eintreffen zu können.[3] Für Gisela und Familie habe ich in Salzburg 2 Landauer[4] stehen lassen, so daß von Ischl nur Pferde bis St. Gilgen zu schicken sein werden, worüber Kundrat, der Morgen voraus geht, dem General Latour Meldung erstatten wird.

Wenn wir nur in Ischl schönes Wetter bekommen, wie wir es hier seit Gestern haben, bei sehr kalter Luft, nachdem ich in Salzburg recht ungünstiges Wetter hatte. Dort ist Alles gut gegangen. Der Kaiser war sehr frisch und heiter und wir haben uns vollkommen befriedigend gesprochen.[5]

Von den höheren Bergen sah man die ganze Zeit nichts, doch konnten wir Abends nach Hellbrunn[6], da es um diese Zeit wenigstens nicht regnete. Der dortige Garten ist jetzt besonders schön und gut erhalten. Das Schloß, in welchem wir quartirten, sah ich zum ersten Male.

Während der Ausrückung der Garnison am 19., regnete es ziemlich stark. Die Dragoner waren brillant, das Jäger Bataillon sehr gut, das Regiment Rainer[7] gut in der Detail Ausbildung, dagegen die Bataillons und Compagnie Commandanten sehr schlecht in der Führung.

In Wels kamen wir ohne Regen durch. Das Regiment läßt manches zu wünschen übrig.

Morgen fahren wir um 6 Uhr Früh nach Bruck, wo ich Morgen und Übermorgen je eine Brigade der 1. Division gemischte Übungen machen lasse.

Es freut mich, daß Du auf der Jagd glücklich warst, besonders der Hirsch war ein nützlicher Abschuß und ich hoffe, daß Du noch einige auf diese Art erlegen wirst. Vielleicht können wir mit Leopold auch einige Jagden machen. Nun lebe wohl, lieber Rudolph. Bis zu unserem baldigen Wiedersehen, auf das ich mich unendlich freue, umarme ich Dich in Gedanken und bleibe Dein, Dich innigst liebender

Papa

1 Der Kaiser hatte unter anderem am 8. Juli 1876 eine Zusammenkunft mit Zar Alexander II. in Reichstadt, bei der die Balkanfrage erörtert wurde.
2 Es gab Krieg zwischen der Türkei, Serbien und Montenegro.
3 Die Kaiserin hielt sich in Possenhofen auf.
4 Schwere, viersitzige Kutsche mit Verdeck
5 Franz Joseph empfing dort am 20. Juli den deutschen Kaiser Wilhelm I. Die Gespräche der beiden Herrscher hatten die Balkanfrage zum Inhalt. Der österreichische Kaiser informierte seinen deutschen Gast, der anschließend zur Kur nach Bad Hofgastein weiterreiste, über seine Gespräche mit Zar Alexander II. 14 Tage zuvor.
6 Schloß mit Parkanlage bei Salzburg
7 Benannt nach Erzherzog Rainer dem Jüngeren aus der toskanischen Linie des Hauses Habsburg-Lothringen

63   Ofen, den 12. Jänner 1877

Lieber Rudolph,

Innigsten Dank für Deinen lieben und langen Brief vom 8., der uns eben so freute und interessirte, wie Dein Schreiben an Mama. Es freut mich, daß Deine neuen Studien Dich interessiren und daß Du denselben mit Fleiße obliegst. Deine Jagden im Thiergarten müssen recht hübsch gewesen sein und es scheint auch bei Wien Heuer kein Mangel an Füchsen.
Von Nando erhielt ich einen Brief aus Salzburg vom 7., mit

beiliegender sehr mageren Schußliste, in welchem die unglaublich warmen Temperaturen jedenfalls das merkwürdigste sind.

Mama und Valérie habe ich, Gott sei Dank, ganz wohl und heiter gefunden. Valérie geht fast täglich spazieren, meistens mit den kleinen Szaparys auf der Bastei. Nur bei gar zu dichtem Nebel bleibt sie zu Haus. Sonntag waren mehrere Kinder bei ihr. Mama hat ihr ein kleines Kaninchen geschenkt, das sie sehr freut und beschäftigt und ihr Maries Abgang leichter verschmerzen ließ.

Wir haben immer das gleiche, milde Wetter, zwischen 2 und 5° Wärme und in der Stadt fast täglich starken Nebel, der aber auf dem Lande, weiter von der Donau entfernt, nicht ist. Ich habe bis jetzt 3 Jagden mitgemacht, Montag mit Fürst Taxis und Némethy, ohne Mama, Meet Pascal Mühle, in einem ganz dichten Nebel. Während dem schönen und ziemlich scharfen Runn, galoppirten wir, wie mit einem Schlage aus dem Nebel in den hellsten Sonnenschein. Es war ein herrlicher Effekt. Den Fuchs verloren wir leider durch Ungeschicklichkeit des huntsmann[1].

Dienstag war ich mit Mama bei einer Hirschjagd, meet Puszta St. Mihály. Herrliches, warmes Wetter, sehr guter runn, mit Umwegen über Magyér bis zur Donau, in welcher wir das gejagte Thier auf eine der Inseln bei Neupest schwimmen sahen. Es war eine der schönsten Jagden.

Vorgestern war ich mit Mama in Kereszter. Das Wetter war wieder draußen sehr günstig, während hier dichter Nebel war. Wir hatten einen besonders scharfen runn, verloren aber wieder den Fuchs, trotz des vortrefflichen Sent.

Gestern war keine Jagd und ich hatte ziemlich viele Audienzen. Heute ist um ½1 Uhr meet in Czinkotai nagy Jeze zur Hirschjagd.

Ich habe bereits 4 Herrn Diners gegeben und Übermorgen haben wir ein Damen Diner, am 21. große Soirée, da, wegen Mangel an Damen, ein Ball nicht möglich ist.

Adieu, lieber Rudolph, ich küsse dem Großpapa die Hände, grüße Deine Herrn und indem ich Dich von ganzem Herzen umarme, bleibe ich Dein, Dich innigst liebender

Papa

1 Huntsman (engl.): Leiter einer Hetzjagd

64   Ofen, den 19. Jänner 1877

Lieber Rudolph,

Herzlichen Dank für Deinen lieben Brief vom 14., der mich sehr freute und interessirte. Die guten Nachrichten, die Du mir von Großpapa gibst, freuten mich auch sehr und ich küsse ihm die Hände.

Jetzt werden Deine Thiergarten Jagden wohl zu Ende sein und ist, bis die Schnepfen kommen und die Hahnen balzen, nichts zu machen.

Von Gisela habe ich schon lange keinen Brief bekommen. Vor einigen Tagen erhielt Mama einen von ihr, der schon nach ihrem Balle geschrieben ist, welcher, wie es scheint, sehr brillant ausgefallen ist.

Ich weis noch nicht genau, wann ich nach Wien kommen werde, aber wahrscheinlich bald und freue mich schon sehr, Dich wiederzusehen. Ich habe noch einige Minister von Wien herunter telegraphirt, um in der unglücklichen Bankangelegenheit[1] zu berathen, sie können aber leider erst Montag kommen. Wir haben viel schönes und mildes Wetter gehabt und erst seit Vorgestern ist es etwas kühler, aber noch ohne Frost. Jetzt um 5 Uhr Früh ist nur mehr ein halber Grad Wärme, nachdem bis jetzt die kälteste Temperatur 2° Wärme gewesen ist. Der Boden ist zum Reiten jetzt besonders gut, da er nicht mehr gar so tief ist, auch hatten wir einige sehr hübsche Jagden, besonders am 12. in Göd[2] und Vorgestern in Vecsés. In Göd hatten wir zwar keinen Kill[3], aber einen scharfen runn mit einigen guten Gräben bis in die Berge hinter Waitzen, wo wir den Fuchs in Weingärten verloren, worauf wir von Waitzen mit der Eisenbahn nach Haus fuhren.

In Vecsés hatten wir zwei Kill nach hübschen, enorm scharfen runns mit vorzüglichen Wassergräben. Der erste Fuchs wurde aus einem Bau, wo er bestättigt war, ausgegraben, ging nach einem runn von 11 Minuten in einen anderen Bau, aus welchem er bald ausgegraben war, wobei sich in diesem Bau ein zweiter Fuchs zeigte. Der Erste wurde nach einem runn von einigen 20 Minuten in einer Akazien Remise gekillt, dann wurde zum Bau zurückgeritten, wo während dem weiter gegraben worden war. Nun kam auch der zweite Fuchs zum Vorschein, der nach 24 Minuten runn auf freiem Felde gekillt wurde.

Die letzten Jagden hat auch der englische Botschafter[4] mit Sohn mitgeritten, sonst sind aber schon wenige Theilnehmer. Vorgestern war ich im Concerte der Nilson[5] im Redoutensaale und sehr befriedigt von ihrem Gesange. Gestern hat sie nach einem Damen Diner, bei uns im Salon gesungen, wozu auch Valérie mit der kleinen Szapáry, die gerade bei ihr war, kam. Ich muß schliessen, um zu arbeiten und umarme Dich daher herzlichst in Gedanken.

Dein Dich innigst liebender
Papa

1 Bei den wirtschaftlichen Ausgleichsverhandlungen zwischen den Vertretern der beiden Reichshälften, die Anfang 1877 begannen, forderten die Ungarn eine selbständige Notenbank, was zu monatelangen, zunächst ergebnislo-

sen Verhandlungen auf Ministerebene und schließlich 1878 zur Gründung der Österreichisch-Ungarischen Bank führte.
2 In der »Neuen Freien Presse« vom 14. Jänner 1877 wird berichtet, daß die Jagdgesellschaft, die aus 25 Mitgliedern der Aristokratie bestand, mit einem Hof-Separatzug zu diesem Treffpunkt fuhr.
3 Zur-Strecke-Bringen eines Wildes
4 Bevollmächtigter britischer Botschafter im Jahre 1877 war Seine Exzellenz Sir Andrew Buchanan.
5 Kristina Nilsson, schwedische Sängerin (Sopranistin)

65   Gödöllö, den 14. Oktober 1877

Lieber Rudolph,

Endlich finde ich am Heutigen Sonntag Morgen einen ruhigen Augenblick, um Dir für Deine vielen, lieben und interessanten Briefe zu danken, die mich unendlich freuten. Meine Zeit war jetzt dermassen mit Arbeit und Jagen in Anspruch genommen, daß ich nicht zum Schreiben kommen konnte. Meine Gedanken waren aber viel bei Dir und begleiteten Dich auf Deinen Fahrten.[1]

Die guten Nachrichten, die Du mir von Gisela gibst, beruhigten mich sehr, denn ich war doch in großer Angst um sie. Dein gelungener Aufenthalt in Tirol und die patriotische Gesinnung, die sich bei dieser Gelegenheit wieder zeigte, waren eine große Freude für mich.

Auchenthaler[2] gab mir gute Nachrichten über Dein Befinden und erzählte mir von der Reise in die Schweiz, wo Ihr eigentlich von der Hauptsache, nemlich dem Gebirge, leider nichts gesehen habt.

Hoffentlich habt Ihr in Reichenau besseres Wetter und nicht zu viel Schnee, auch nicht gar zu kalt, damit Leopold sich nicht verkühle. Wenn nur die dortigen starken Böcke tüchtig zum Schusse kommen!

Von unseren brillanten Gebirgsjagden wird Dir Latour erzählt haben. Wir waren eigentlich vom Wetter sehr begünstigt, nur war es sehr kalt. Bis jetzt liegen, mit der Nachsuche, 293 Stücke und darunter viele starke Hirsche. Ich erinnere mich nie, so gut geschossen zu haben.

Hier hatten wir auch einige Morgen mit gefrorenem Boden, aber jetzt ist es wärmer und leider so trocken, daß es mit dem Sent zu den Reitjagden schlecht aussieht.

Ich war Vorgestern bei einem Cab hunting auf ein Thier, Meet St. Mihály Puszta um 9 Uhr. Wegen schlechtem Sent war ein miserabler run, auch ging das Thier schlecht und wir hatten bald das halali im Walde bei Chinkota.

Morgen soll auf Fuchs in Fóth gejagt werden.

Mama geht noch nicht mit, weil ihr die Stunde zu früh ist. Wir haben jetzt noch einige Hirsche geschossen und hören morgen, nach dem Gesetze, mit dem Abschusse auf, um in einiger Zeit mit den Thieren zu beginnen. Schnepfen zeigen sich einzeln, auch im Garten, wo 2 erlegt wurden. Adler sieht man schon häufig und habe ich bereits 2 mit der Kugel gefehlt.

Das Ehepaar Grosvenor[3] ist Gestern abgereist.

Zur Hochzeit am 20. werden bereits alle Vorbereitungen getroffen. Sie wird um 11 Uhr stattfinden, dann ist großes Déjeuner mit allen Gästen und dann reist das neuvermälte Paar nach Wien und Paris.[4]

Ich habe Albrecht gesagt, er solle Dich wegen des Ausfluges auf seine Herrschaften fragen und Du würdest entscheiden, was Dir recht ist.[5]

Wir freuen uns schon sehr, Dich hier, nach langer Trennung wiederzusehen. Bis dahin lebe wohl.

Ich umarme Dich und Leopold von ganzem Herzen und bleibe, Dein, Dich innigst liebender

Papa

1 Der Kronprinz hielt sich in Tirol auf, wo er in Innsbruck einen nach ihm benannten Brunnen eröffnete, und bereiste dann in strengstem Inkognito, nur von einem Adjutanten begleitet, die Schweiz.
2 Dr. Franz Auchenthaler, k. u. k. Leib- und Hofarzt
3 Bekannte englische Adelsfamilie
4 Es handelte sich um die Hochzeit der Nichte der Kaiserin, Baronesse Marie Wallersee, mit dem Grafen Georg Larisch-Moennich. Die Trauung, an der nicht nur die kaiserliche Familie, sondern zahlreiche andere illustre Gäste teilnahmen, fand zum angegebenen Zeitpunkt in der Schloßkapelle von Gödöllö statt.
5 Rudolf besuchte vom 28. bis 31. Oktober 1877 die in Österreichisch-Schlesien liegenden landwirtschaftlichen und industriellen Besitzungen seines reichen Großonkels. Er hielt sich in Teschen, Oderberg, Trsinietz (Eisenwerke), Ustron (Hochöfen) und Karwin (Kohlebergwerk) auf.

Franz Joseph hielt mit seinem Sohn häufig telegraphischen Kontakt. Die folgenden zehn Telegramme sind erhalten geblieben. Sie werden ohne die üblichen postalischen Vermerke im Telegrammkopf (Zahl der Wörter, genaue Zeit der Aufgabe und der Ankunft) wiedergegeben.

18. August 1866   Von Burg Wien nach Ofen

Ich danke Euch von ganzem Herzen für Euere Briefe und für Euere Telegraphischen Glückwünsche.[1]

1 Die Kinder hatten dem Papa zum Geburtstag gratuliert.

21. August 1866   Von Schönbrunn nach Ofen

Dich von ganzem Herzen umarmend, wünsche ich Dir alles Glück zum heutigen Tage.[1]

1 Zum Geburtstag. Der Kronprinz wurde am 21. August 1858 geboren.

22. August 1867   Von Salzburg nach Ischl

Weidmanns Heil. Ich gratuliere zum Hirsch[1] und habe eine ungeheure Freude.

1 Der Kronprinz hatte seinen ersten Hirsch erlegt.

30. November 1869   Von Corfu in die Wiener Hofburg

Heute Nacht um 2 Uhr glücklich in Corfu angekommen. Ich hoffe, am Abend des 2. in Triest zu sein.[1]

1 Der Kaiser hatte anläßlich der Eröffnung des Suezkanals Ende Oktober 1869 eine Reise in den Orient unternommen und befand sich auf der Rückreise (Originaltext des Telegramms in französischer Sprache).

3. Dezember 1869 — Von Triest in die Hofburg
7.45 Uhr

Ich bin nach 7 Uhr im besten Wohlsein in Triest eingetroffen nach einer sehr stürmischen Fahrt. Die liebe Mama ist in St. Peter eingeschneit.[1]

[1] Die Kaiserin war auf dem Weg nach Miramare, wo sie mit dem Kaiser zusammentraf.

3. Dezember 1869 — Von Triest in die Hofburg
5 Uhr 10 Nachm.

Die liebe Mama ist soeben glücklich hier angekommen und umarmt Euch.

4. Dezember 1869 — Von Triest nach Wien

Ich komme um 9 Uhr nach Wien. Ihr sollt mich auf der Bellaria erwarten.

10. November 1874 — Von Kladsub[1] nach Paierbach

Heute 3 stündige Jagd, dreimal durch die Elbe und Halali im Königgrätzer Wald. Witterung günstig bei umzogenem Himmel. Morgen Abends gehen wir nach Prag. Wir umarmen von ganzen Herzen.

Weidmansheil!

[1] Ort in Böhmen

1. Jänner 1876　　　　　　Von Budapest in die Hofburg

Wir wünschen Dir vom ganzen Herzen alles Glück zum neuen Jahre und danken für Deine lieben Briefe. Gott segne Dich!

Franz Joseph

20. Dezember 1876　　　　Von der Hofburg nach Gödöllö

Herzlichsten Dank für Deinen Brief und für Dein Telegramm. Ich gratuliere zum 4ten Adler. – Ich umarme Euch und danke Mama innigst für Ihren Brief.

Der Sammlung ist auch ein – undatiertes – Schreiben aus dem Jahr 1889 beigeschlossen. Es handelt sich dabei um den letzten schriftlichen Kontakt zwischen Vater und Sohn. Der Kaiser wies darin Rudolf an, am 27. Jänner 1889 zum abendlichen Empfang in der deutschen Botschaft anläßlich des Geburtstages Kaiser Wilhelms II. in preußischer Uniform zu erscheinen. Der Kronprinz fügte sich widerwillig. Es war sein letztes Auftreten in der Öffentlichkeit. Zwei Tage später schied er in Mayerling aus dem Leben.

66

Lieber Rudolph,

Zur Soirée bei Reuß[1] in preußischer Uniform und zwar kleine Uniform.

Euch herzlichst umarmend
Dein
Papa

1 Prinz Heinrich VII. Reuss, Botschafter des Deutschen Reiches in Wien

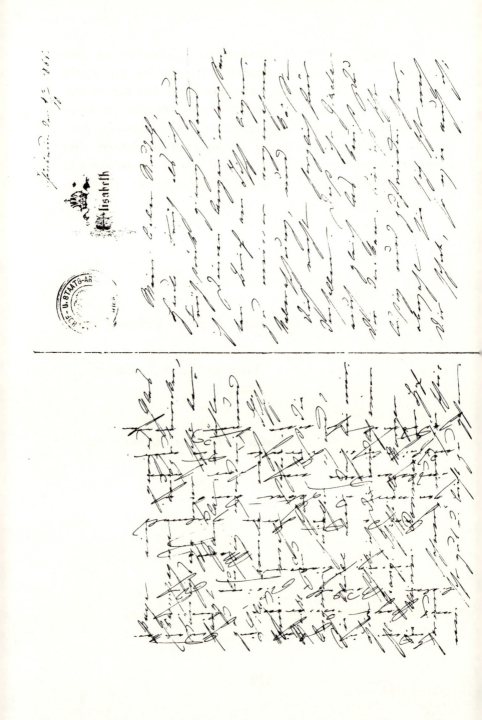

DIE KAISERIN UND DER KRONPRINZ

Das Verhältnis zwischen Kaiserin Elisabeth und dem Kronprinzen, die Mutter-Sohn-Beziehung, stand schon vom Tag der Geburt des Thronfolgers an unter keinem guten Stern. Die junge Mutter war nach dem schweren Geburtsakt körperlich stark geschwächt. Sie durfte, dem adeligen Gesellschafts- und Verhaltenskodex der damaligen Zeit entsprechend, auch dieses Kind nicht stillen, was ihren Gesundheitszustand verschlimmerte, ihm jedenfalls gewiß nicht förderlich war. Die Kaiserin, die an Milchandrang litt, fieberte längere Zeit und erholte sich nur langsam.

Der kräftige Knabe wurde, wie schon die beiden ältesten Kinder Elisabeths zuvor, von der Mutter des Kaisers, der klugen, ehrgeizigen und resoluten Erzherzogin Sophie, in Obhut genommen. Sisi ließ es willenlos geschehen. Sie hatte den Kampf um ihre Kinder gegen die übermächtige, ihr nicht gerade wohlgesinnte Schwiegermutter längst aufgegeben. Sophie widmete sich der Erziehung des Kronprinzen mit besonderer Sorgfalt und Hingabe. Sie wählte das Pflegepersonal aus, sie hatte in der Person der Baronin Charlotte Welden eine einfühlsame Aja, sie fällte alle Entscheidungen, die die Gesundheit, das Wohl und Gedeihen Rudolfs betrafen.

Sophie erzog ihren Enkel – wie schon ihren ältesten Sohn – für die Aufgaben und Pflichten eines zukünftigen Herrschers. Die Eckpfeiler ihres pädagogischen Konzeptes, in dem das Religiöse und Soldatische eine Vorrangstellung einnahmen, waren

Gehorsam, Disziplin, Verantwortungs- und Pflichtgefühl. Sie war eine fürsorgliche und warmherzige, wenn auch eine strenge und anspruchsvolle Frau. Dem Kronprinzen fehlte es gewiß nicht an liebevoller Zuwendung ihrerseits. Sie lenkte seine Schritte und förderte seine Entwicklung. Ob die Großmutter für den sensiblen, ängstlichen Knaben das nötige Sensorium besaß, ob sie vor allem seine körperliche Leistungsfähigkeit nicht überschätzte und überforderte, muß offenbleiben.

Die Mutter, die von der Erziehung des Knaben mehr oder minder ausgeschlossen blieb, begann, reifer und selbstbewußter geworden, ihre eigenen Wege zu gehen. Sie flüchtete vor den Zwängen des ihr verhaßten Hoflebens in die weite Welt, entzog sich ihren Pflichten als Kaiserin, versagte sich der Familie. Der kleine Rudolf sah die Mutter nur bei besonderen Anlässen: an kirchlichen Festtagen (Ostern, Weihnachten), beim Geburtstag des Papas, anläßlich außergewöhnlicher Ereignisse des kulturellen und gesellschaftlichen Lebens (Hofball, Fronleichnamsprozession). Längere Perioden des Beisammenseins und Zusammenlebens, wie zum Beispiel in Venedig 1861/62, waren äußerst selten. Ein inniges Verhältnis zwischen Mutter und Sohn konnte sich unter diesen Umständen erst gar nicht entwickeln.

Die Kaiserin, die ihren Sohn gewiß liebte, war viel zu sehr mit sich selbst beschäftigt, um sich ernsthaft um ihn zu kümmern. Die Entwicklung Rudolfs beobachtete sie dennoch, wenn auch oft aus der Ferne, mit sorgsamer Aufmerksamkeit. Als sie sah, daß der Kronprinz durch die vom Kaiser und der Kaisermutter geduldeten Erziehungsmaßnahmen seines Oberstkofmeisters Gondrecourt gesundheitlichen Schaden zu nehmen begann, griff sie im August 1865 ungewöhnlich energisch durch, forderte und erhielt die unumschränkte Erziehungsvollmacht über ihre Kinder. Für den siebenjährigen Rudolf bedeutete dieses mütterliche Eingreifen eine entscheidende Weichenstellung in seinem jungen Leben. Der Kronprinz hat es der Mama zeitlebens gedankt.

Das Verhältnis zwischen Mutter und Sohn gestaltete sich in den nächsten beiden Jahren ausgesprochen eng und herzlich. Die Kaiserin brachte 1866, in den schweren Wochen und Monaten vor und nach der Niederlage bei Königgrätz, die besten Seiten ihrer Persönlichkeit zur Entfaltung. Ihre Hilfs- und Einsatzbereitschaft beeindruckten nicht nur den kleinen Rudolf, der 1867 bei den Krönungsfeierlichkeiten des Kaiserpaares in Budapest zu seiner schönen, beinahe feenhaft wirkenden Mutter bewundernd seinen Blick erhob.

Die Geburt der jüngsten Kaisertochter Marie Valerie ein Jahr später beeinträchtigte das gute Verhältnis zwischen Mutter und Sohn entscheidend. Die Kaiserin widmete sich Valerie mit einer glühenden, alles verzehrenden, geradezu hysterischen Mutterliebe. Sie war Tag und Nacht um ihr Wohlergehen besorgt, beschützte und beschirmte sie, nahm sie völlig für sich in Anspruch. Die kleine Valerie wurde zum Angelpunkt ihres Lebens. Um Rudolf, und übrigens auch um ihre ältere Tochter Gisela, kümmerte sich Elisabeth nun weniger denn je. Die Kaiserin intensivierte ihre Reisetätigkeit und ließ den Kronprinzen mit seinen Wünschen und Hoffnungen, seinen Sorgen und Problemen völlig allein. Sie schrieb ihm höchstens aus irgendeinem Winkel der Welt ein paar nette, im Grunde genommen jedoch nichtssagende Zeilen.

Rudolf reagierte auf das Verhalten der Mama mit glühender Eifersucht auf seine kleine Schwester, die er als Rivalin um die mütterliche Gunst betrachtete. Das Mutter-Sohn-Verhältnis kühlte merklich ab, der heranwachsende Kronprinz übte an der Mama immer häufiger Kritik.

»So muß denn der arme Papa in diesen schweren Zeiten von der lieben Mama getrennt sein«, klagte der Zwölfjährige der Großmutter, als sich Elisabeth zur Zeit des Deutsch-Französischen Krieges in den Wintermonaten 1870/71 wieder einmal in Meran aufhielt. Und etliche Jahre später, 1878, kam es zwischen den beiden zu einem regelrechten Zerwürfnis, als dem Kronprinzen anläßlich eines Englandaufenthaltes Tratschereien über ein angebliches Verhältnis der Kaiserin mit ihrem Reitlehrer Bay Middleton zu Ohren kamen.

Trotz mancher kritischen Äußerung und gelegentlich ausgetragener offener Disharmonien hegte Rudolf im Grunde seines Herzens für die Mutter eine tiefe Bewunderung. Er ahmte sie, wissentlich oder unwissentlich, in vielem nach und entwickelte allmählich die gleichen Interessen, Ansichten und Anschauungen. Rudolfs und Elisabeths Weltbild und ihre weltanschaulichen Positionen deckten sich weitgehend, der Kronprinz war seinem geistigen Habitus und seiner charakterlichen Veranlagung nach ganz die Mutter.

Das geistige Nahverhältnis, die vielen Übereinstimmungen mündeten dennoch in keinem Verständnis füreinander. Rudolfs Seele blieb für die selbstverliebte Kaiserin eine terra incognita. Das Leben Elisabeths und Rudolfs lief auf verschiedenen Ebenen ab, selbst ihre Existenzkrisen schufen keine Berührungsflächen. Das Scheitern von Rudolfs Ehe, seine schwere Krankheit ab 1887, seine Depressionen, seinen für jedermann sichtbaren körperlichen Verfall nahm die Kaiserin nicht zur Kenntnis.

Der Kronprinz buhlte trotz aller Enttäuschungen, die sie ihm bereitete, bis zuletzt um die Anerkennung und die Gunst der Mutter. Elisabeth hörte seine seelischen Hilferufe nicht, sie ließ die zahlreichen Versuche und Gesten des Kronprinzen, ihre Aufmerksamkeit auf sich zu lenken, unbeachtet. Und so stand auch die Kaiserin wie der Kaiser eines Tages gramgebeugt vor der Bahre ihres Sohnes.

DIE BRIEFE ELISABETHS

Die Auseinandersetzungen zwischen Kaiserin Elisabeth und ihrer Schwiegermutter, Erzherzogin Sophie, um die Erziehung der Kinder sowie Differenzen zwischen den Ehegatten führten im Sommer 1860 zu einer schweren Ehekrise. Elisabeth verließ mit ihrer kleinen Tochter Gisela Wien und fuhr nach Possenhofen am Starnberger See, von wo sie erst nach ein paar Wochen wieder zurückkehrte. Eine Besserung der Situation trat nicht ein. Ausgelöst durch Nervenkrisen und Hungerkuren verschlechterte sich der Gesundheitszustand der Kaiserin derart, daß der Lungenfacharzt Dr. Josef Skoda einen sofortigen Klimawechsel empfahl. Elisabeth »flüchtete« im November 1860 mit ihrem Hofstaat auf die Atlantikinsel Madeira, wo sie sich bis Ende April 1861 aufhielt. Nach einem kurzen Zwischenaufenthalt in Wien verbrachte sie dann wieder einige Monate auf der Insel Korfu.

Die Kaiserin hatte in der Fremde große Sehnsucht nach ihren beiden Kindern, denen sie zahlreiche Briefe schrieb. Zwei davon sind – undatiert – erhalten geblieben. Sie zeigen Elisabeth von ihrer liebenswertesten Seite: als verständnisvolle, einfühlsame Mutter, die im Umgang mit dem dreijährigen Kronprinzen durchaus den richtigen Ton traf.

1

Mein lieber Rudolph,

Ich habe gehört, du warst ja ganz bös, daß ich Dir nicht auch geschrieben habe.[1] Ich habe gedacht, Du wärest zu klein, um das zu verstehen, aber Du bist ja jetzt auch schon ganz vernünftig, ich werde Dir recht viele und schöne Spielsachen mitbringen. Erinnerst Du Dich denn noch ein wenig an mich? Es küßt Dich innigst und von ganzem Herzen, mein liebes liebes Bubi

Deine Mama.[2]

1 Elisabeth hatte nur an Gisela geschrieben.
2 Der Brief dürfte 1860 auf Madeira verfaßt worden sein.

2

Lieber Rudolph,

Eben habe ich der guten Gisella einen langen Brief geschrieben, so daß mir nichts zu erzählen übrig bleibt. Jetzt reitest du also schon, und sollst so schön gerad oben sitzen. Ich danke Dir auch für die schönen Alpenrosen, die lang in meinem Zimmer gestanden sind. Ich schicke Dir englische Bleisoldaten zum Aufstellen, wenn es regnet und Du im Zimmer bleibst. Graf Grünne[1] wartet darum schließe ich schnell und umarme Dich innigst

Deine Mama.[2]

1 Graf Karl Ludwig Grünne, Generaladjutant des Kaisers, der im Auftrag Franz Josephs der Kaiserin im Juli 1861 auf Korfu einen Besuch abstattete.

2 Infolge der Erwähnung des Grafen Grünne kann man das Schreiben mit ziemlicher Sicherheit auf Juli 1861 datieren.

Im Februar 1865 fuhr Elisabeth nach Dresden, um an der Hochzeit ihres Lieblingsbruders Carl Theodor mit Prinzessin Sophie von Sachsen teilzunehmen. Die Kaiserin, die zur vollen Schönheit erblüht war, machte in Sachsen auf Hof und Volk einen hervorragenden Eindruck und wurde mit Begeisterung aufgenommen. Elisabeth fühlte sich jedoch in Dresden nicht wohl und sehnte sich zurück nach Wien.

3   Dresden, den 14. Februar 1865

Mein lieber Rudolf,

Ich war sehr traurig Gestern Abend als ich hörte Du seiest krank[1], doch Gottlob geht es Dir schon beßer, wie mir der gute Papa telegraphirte.
Für Deinen schönen Brief danke ich Dir sehr.
Recht froh werde ich sein, wenn ich wieder bei Euch bin; hier gefällt es mir gar nicht, ich bin schon ganz traurig, weil ich so gern nach Hause möchte, und noch 4 lange Tage hier bleiben muß.
Der Onkel Gackel darf nicht zu mir kommen weil er jetzt eine Frau hat.[2] Die Tante Sofie[3] zieht sich immer an, und die Tante Nené[4] noch mehr.
Gestern bin ich den ganzen Tag zu Haus geblieben, weil ich so unwohl war. Da habe ich mich recht nach meinem Engel gesehnt. Ich ließ mir Abends ein Gefrorenes holen, aber nicht vom Hof, zum Papa seiner Beruhigung, das war aber so schlecht, und in einem grauslichen Schüßerl wie dem Horse Guard[5] sein Freßen.

Da sitzt jetzt die Tante Sofie und laßt sich frisiren, sie schwätzt in einem fort mit der Angerer[6], daß ich ganz irr werde. Darum sage ich Dir auch lieber adieu, mit einem Kuß in Gedanken. Den Obl. Latour und Graf Pálffy[7] laße ich grüßen.

1 Es handelte sich offenbar um eine vorübergehende Unpäßlichkeit des Kronprinzen. Erst im Mai 1865 erkrankte Rudolf infolge der unpassenden Erziehungsmethoden des Grafen Gondrecourt so schwer, daß er fallweise vom Unterricht dispensiert werden mußte.
2 Carl Theodor (»Gackel«) stand vor der Eheschließung mit Prinzessin Sophie von Sachsen.
3 Sophie, die jüngste Schwester der Kaiserin
4 Rufname der ältesten Schwester der Kaiserin. Helene war ursprünglich zur Ehe mit Franz Joseph bestimmt.
5 Name eines Hundes der Kaiserin
6 Fanny Angerer war die Lieblingsfriseurin Elisabeths. Sie wurde von der Kaiserin blutjung für die Haarpflege, mit der sie einen regelrechten Kult trieb, engagiert. Für ihre Dienste erhielt sie eine jährliche Gage von 2 000 Gulden, was dem Gehalt eines Universitätsprofessors gleichkam. Das raffinierte Mädchen aus dem Wiener Vorstadtmilieu erwarb sich die Gunst der Kaiserin und verstand es geschickt, sich diese über die Jahrzehnte zu bewahren.
7 Graf Joseph Latour von Thurmburg und Graf Andreas Pálffy-Erdöd, Kammerherren im Hofstaat Rudolfs

Ihre nächste Reise führte die Kaiserin nach München. Fern vom Wiener Hof, inmitten ihrer Geschwister und einer vertrauten Umgebung konnte sich Elisabeth frei und völlig ungezwungen benehmen.

Frohgelaunt, humorvoll, aber durchsetzt mit kritischen Untertönen schildert sie dem siebenjährigen Kronprinzen den Ablauf ihrer Tage. Von einer schnellen Frühmesse in der Hauskapelle ist die Rede, von den Mahlzeiten, vom Zeremoniell der Haarpflege, von der Langeweile der Abende, von Gesprächen mit Schwester Sophie, die bis nach Mitternacht dauerten. Für den

Schlaf blieben dann nur sechs Stunden Zeit. Die Kaiserin völlig zwanglos: »*Der Papa wird blas sein, wenn er das liest.*« *Einen Besuch König Ludwigs II. von Bayern kommentiert Elisabeth eher spöttisch und ein wenig herablassend, jedenfalls aber mit überzeugender weiblicher Überlegenheit.*

4   München, den 31. März 1865

Lieber Rudolf,

Schon längst wollte ich an Dich schreiben, habe aber nie Zeit gefunden, denn ich bin immer mit meiner Mama, die sehr traurig ist, und will daß ich den ganzen Tag bei ihr sitze. Ich war auch gar nicht aus seit dem ich hier bin, nicht einmal in den Stall bin ich gekommen, dem Onkel Gackel sein Pferd anschauen. Um 8 Uhr gehe ich jeden Tag mit der Großmama[1] in die Hauskapelle, wo ein Franziskaner viel schneller die Meße liest wie unsere Sontags Meße ist. Dann frühstücken wir alle bei der Großmama, um die Zeit wo Du sonst zu mir kommst da denke ich immer an Dich, auch Abends. Dann werde ich bei der Großmama gekämmt, wobei sich die Angerer schrecklich fürchtet von den beiden bösen Spitzen, die mir auch jedesmal in's Gesicht fahren, daß ich der Großmama die Hand küße. Um 2 Uhr eßen wir, und den ganzen Nachmittag und Abend bin ich wieder mit der Großmama; um ½8 kommen alle anderen Geschwister auch, Onkel Mapperl[2] mit einem Pack Bücher, dauert es lang so schlaft alles ein, wir bespritzen Sofie mit Wasser damit sie recht bös wird, und das ist die einzige Unterhaltung. Bis ½11 bleiben wir bei der Großmama, in ihrem Toilettezimmer wo es ganz finster ist. Onkel Mapperl geht früh schlafen, Onkel Gackel u. seine Frau gehen auch früher weg.

Braucht uns die Mama nicht mehr, dann gehen Sofie und ich herüber und bleiben bis 1 Uhr beisammen sitzen u. schwätzen uns recht aus, was wir den ganzen Tag nicht können. Papa wird blas sein wenn er das liest, u. hört daß ich nur 6 Stunden schlafe.

Gestern hat mir der König[3] eine lange Visite gemacht, und wäre nicht endlich die Großmama dazu gekommen so wäre er noch da. Er ist ganz versöhnt[4], ich war sehr artig, er hat mir die Hand so viel geküßt, daß Tante Sofie, die durch die Thür schaute, mich nachher fragte ob ich sie noch habe! Er war wieder in österreichischer Uniform, und ganz mit Chypre[5] parfumirt. Er freut sich sehr einmal nach Wien zu kommen.

Ich habe jetzt eigentlich ganz vergeßen, daß ich an Dich und nicht an den Papa schreibe, für den der Brief mehr berechnet ist, nachdem ich keine Zeit habe noch einen zu schreiben.

Ich danke Dir für Deinen, dem Papa recht vielmals für seine zwei.

Morgen Abend fahre ich weg, u. freue mich *sehr* zurück. Aber die arme Großmama möchte mich viel lieber ganz behalten. Adieu lieber Rudolf, ich umarme Dich, und den Papa, an Gizella habe ich selbst geschrieben, auf Wiedersehen Deine Dich innigst liebende

Mama.

1 Gemeint ist Rudolfs Großmutter Ludovika von Bayern, die Mutter Elisabeths.
2 Max Emanuel (»Mapperl«), der jüngste Bruder Elisabeths
3 König Ludwig II. von Bayern. Ludwig, der 1864 den Thron bestieg, war ein Vetter 2. Grades der Kaiserin. Die beiden waren gleichgestimmte Seelen: Sie gefielen sich in Exzentrizitäten, haßten höfischen Zwang und liebten die Einsamkeit. Ihr persönliches Verhältnis zueinander war jedoch nicht spannungsfrei.
4 Offenbar hatte es vorher eine Verstimmung gegeben. Die Kaiserin, als die ranghöhere und ältere, scheute sich nicht, ab und zu mit Ludwig sehr deut-

lich zu reden. So rügte sie ihn 1865 sehr energisch, als Bayern das Königreich Italien anerkannte.

5 Französische Bezeichnung für die Insel Zypern; bekanntes Parfum

Nach einem der seltenen, gemeinsam verbrachten Urlaube mit ihren beiden Kindern fuhr die Kaiserin nach Wien zurück, während der rekonvaleszente Rudolf noch eine Weile in Ischl blieb. Beim folgenden Brief war der Kaiserin offenbar das Briefpapier ausgegangen, sie schrieb die letzten Sätze vertikal über den anderen, normal von links nach rechts geschriebenen Text.

5 Schönbrunn, den 4. Oktober 1865

Mein lieber Rudolf,

Heute früh, als ich zum Frühstück gieng, fand ich Deinen langen intereßanten Brief am Tisch liegen, zu meiner angenehmen Ueberraschung, und küße Dich recht herzlich für denselben. Daß ihn Gizela auch gleich las kannst Du Dir denken. Sie ist sehr lustig und zufrieden hier, obwohl sie sich sehr nach Dir sehnt, so wie auch ich; wir sprechen oft von Dir, erinnern uns an alles was wir in Ischl gethan haben;[1] ein wenig Ersatz für Deine Gesellschaft findet Gizela aber bei den Hunden, mit denen sie Früh u. Abends immer spielt, besonders Lady, die so gut ist, sekirt sie oft schrecklich, und jagt sie mit Deinem großen Yeiß im Garten herum.
Seit einigen Tagen ist es sehr kalt, immer windig, und heute auch umzogen. Ich hoffe, es wird endlich doch regnen, denn der Boden ist hier schon eben so hart wie in Ischl.
Heute, am Papa seinem Namenstag, war ich mit Gizela in der Meße; Du gewiß mit Papa und allen Onkeln im Haus?
Bei Tisch haben wir viel gelacht, denn ich habe alle Damen ge-

zwungen auf die Gesundheit des Papa ein ganzes Glas Champagner auszutrinken, Königsegg[2] war sehr besorgt, Paula möchte zu lustig werden, und Lily[3] konnte nach Tisch ... *(Wort unleserlich)* mehr stehen.
Weißt Du schon, daß die Angerer heirathen wird? Sie bleibt aber doch bei mir.[4]
Hier schicke ich Dir endlich einen Hl. Georg. Ich sehe alle Morgen die kleinen Ponnies im Hof herum fahren, und sie scheinen sehr gut u. leicht zu gehen.
Indem ich Dich in Gedanken mit Papa umarme, bin ich, lieber Rudolf, Deine, Dich innigst liebende

Mama.

Grüße die Herrn vielmals von mir, u. Latour danke ich insbesondere noch für seine ausführlichen Berichte, die mir jedesmal so eine Freude machen.

1 Nach der Entlassung des Grafen Gondrecourt, Rudolfs Erzieher, die Elisabeth ultimativ durchgesetzt hatte, verbrachte Rudolf mit Mutter und Schwester eine geraume Zeit in Ischl, wo er auch nach deren Abreise verblieb.
2 Graf Alfred Königsegg zu Aulendorf, der Gatte von Elisabeths Oberhofmeisterin Paula Königsegg
3 Gräfin Caroline (»Lily«) Hunyadi, Elisabeths liebste Hofdame
4 Elisabeths Friseurin heiratete den bürgerlichen Bankbeamten Hugo Feifalik. Sie durfte über Elisabeths Fürsprache im Hofdienst bleiben. Ihr Bräutigam wurde in kaiserliche Dienste genommen und machte eine erstaunliche Karriere: Er avancierte vom Privatsekretär der Kaiserin zum Hofrat und wurde schließlich sogar in den Ritterstand erhoben.

Ende Jänner 1866 trat das Kaiserpaar eine mehrwöchige Ungarnreise an. Elisabeth gab Audienzen und öffentliche Empfänge, hielt Reden in ungarischer Sprache und wurde, ganz gegen ihre sonstigen Gepflogenheiten, ihrer Rolle als Königin voll gerecht. Aber selbst in Budapest wurde die Kaiserin krank. Sie hatte Schwächeanfälle, Husten und Weinkrämpfe und mußte eine Woche lang das Zimmer hüten. Anfang März 1866 kehrte das Kaiserpaar wieder nach Wien zurück.

6   Ofen, den 18. Februar 1866

Mein lieber Rudolf!

Mit Deinem Gebethbuche hast Du mir eine große Freude gemacht, und ich küße Dich recht herzlich dafür, so wie für Deinen lieben Brief. Deine hübschen Blumen, die mir Onkel Ludwig[1] brachte, habe ich noch immer in meinem Zimmer stehen. Heute Nachmittag kommt Horse-Guard[2] auf den ich mich sehr freue, in meiner langen Gefangenschaft muß er mir Gesellschaft leisten. Mehr als 8 Tage bin ich jetzt eingesperrt, und weiß nicht wie lang es noch dauern wird.[3]
Sag Gizela, daß ich ihr auch nächstens schreiben werde, und für ihre letzten Briefe danke.

Euch beide innigst umarmend
Deine Mama

Den Herrn viele Grüße.

1 Ludwig Viktor, der jüngste Bruder Kaiser Franz Josephs
2 Name eines Hundes der Kaiserin
3 Die Kaiserin war erkrankt und durfte das Zimmer nicht verlassen.

Im Jahr 1866 steuerte der alte Konflikt um die Vormachtstellung im deutschen Raum zwischen dem habsburgischen Kaiserreich und dem aufstrebenden Königreich Preußen, in dem Otto von Bismarck die politischen Fäden zog, einer endgültigen Entscheidung zu. Die österreichische Armee mußte einen Zweifron-

tenkrieg führen: gegen die Preußen und das mit ihnen verbündete Königreich Italien.
Die Kriegshandlungen begannen Mitte Juni 1866. Als die Nachrichten vom nördlichen Kriegsschauplatz immer ungünstiger ausfielen, reiste die Kaiserin, die sich mit ihren beiden Kindern in Ischl aufhielt, nach Wien, um ihrem Gemahl in diesen schweren Tagen beizustehen. Ganz gegen ihre sonstige Gewohnheit stellte sie ihre persönlichen Extravaganzen hinter das Interesse am öffentlichen Wohl zurück.
Elisabeth ließ sich über die militärischen und politischen Ereignisse eingehend unterrichten und schrieb täglich lange Briefe an ihren geistig frühreifen, achtjährigen Sohn, der das Kriegsgeschehen mit gespannter Aufmerksamkeit verfolgte.
Eines dieser Schreiben ist erhalten geblieben. Die Kaiserin informierte darin den wißbegierigen Rudolf detailliert vor allem über jene militärischen Ereignisse in Nord und Süd, in denen Truppen und Truppenführer verwickelt waren, die der Kronprinz persönlich kannte (das eigene Regiment, die Grünne-Ulanen, Erzherzog Leopold, Fürst Fritz Liechtenstein etc.). Unkritisch gab sie auch Entstellungen und falsche Behauptungen an ihn weiter, wie jene von den Greueltaten der Piemontesen. (Eigentlich hätte sie zu diesem Zeitpunkt schon von Italienern reden müssen.)
Wie gut Elisabeth informiert war, zeigt ihr Hinweis auf die bevorstehende Entscheidungsschlacht. Die Kaiserin beziehungsweise ihr(e) Informant(en) irrte(n) nur um zwei Tage. Die Schlacht bei Königgrätz, eine der größten, verlustreichsten Schlachten des 19. Jahrhunderts, fand am 3. Juli 1866 statt und stürzte die Donaumonarchie in eine schwere innen- und außenpolitische Krise.

7 Wien, den 29. Juli 1866

Mein lieber Rudolf!

Ich schreibe Dir von Wien aus, da ich den Papa, dem es in der Stadt, wo er allen Nachrichten näher ist, heimlicher ist, hieher begleitete. Er dankt Dir und Gizela für Eure Briefe, die ihn sehr freuten, ich erzählte ihm viel von Euch u. unserem Leben in Ischl. Trotz der traurigen Zeit und den vielen Geschäften sieht der liebe Papa Gott lob gut aus, hat eine bewundernswerthe Ruhe und Vertrauen in die Zukunft, obwohl die preußischen Truppen furchtbar stark sind und ihre Zünd Nadelgewehre[1] einen ungeheuren Erfolg haben.

Tante Marie[2] schrieb aus Dresden an die Großmama, daß die ganze Stadt wie eine preußische Kaserne ist, in einem fort ziehen Truppen unter ihren Fenstern vorüber, oft stundenlang ohne Unterbrechung, eine Truppe schöner wie die andere.[3] Vom Kriegsschauplatz ist heute nichts besonderes gekommen; bei dem letzten Gefecht war auch Grünne Uhlanen[4] stark im Feuer, Rittmeister Bertoletti[5] wurde verwundet. Gf. Grünne, der Vormittags mich besuchte, ist überzeugt, daß dem jungen B. Solmes[6] nichts geschehen; gestern war das Corps von Onkel Leopold[7] im Feuer, er soll mit großer Ruhe und Besonnenheit geführt haben, leider wurde er krank u. ist nun in Pardubitz[8]. Von den letzten großen Treffen bekam Papa heute Nachmittag Berichte, die beßer sind, als er dachte, nur der Verlust ist furchtbar, da die Truppen zu tapfer u. hitzig sind, so daß der Feldzeugmeister einen Armeebefehl erließ, sie sollen mit dem Bajonette Angriff warten bis die Artillerie mehr gewirkt hat.[9] Von Italien hat der Papa auch ausführliche Berichte bekommen, lange Briefe von Onkel Albert[10] und Rainer[11], Dein Regiment hat sich sehr ausgezeichnet, hat aber auch leider sehr viel Verlust gehabt.[12] Der Brigadier Prinz Weimar[13] gieng ganz verloren, erst später kam er wieder zum Vorschein, er soll so dumm u. unbrauchbar sein, daß Onkel Albert um seine Abberufung bath. Fürst Fritz Liechtenstein[14] geht es besser.

Die Piemontesen benehmen sich ganz unmenschlich gegen die Gefangenen, sie bringen die Verwundeten, Gemeine wie Offiziere um, ja sie erhängten sogar einige Jäger, zwei konnte man noch retten, einer wurde aber verrückt. Onkel Albert drohte ihnen auch mit Represßalien. Es hat allen Anschein, daß in Italien jetzt einige Zeit Ruhe sein wird, denn die Piemontesen haben genug zu thun sich von dem Schlag zu erholen.[15] Wenn wir nur mit den Preußen auch schon so weit wären.

Heute früh erwartete mich der Papa am Bahnhof mit dem neuen Adjutanten, der furchtbar garstig ist[16], um 8 Uhr mußte er leider in die Stadt, ich machte später Großmama Visite, um 3 Uhr war ein langes Gebeth in der Kirche, ich gieng aber bald weg, da ich Papa zurückkommen sah. Um 4 Uhr speisten wir u. seit 6 sind wir nun hier in Wien, wo Papa Nachrichten erwartet, die bis jetzt nicht kamen. Morgen oder Uebermorgen wird aber sicher eine entscheidende Schlacht sein.[17]

Von der Hitze hier, von dem Sturm und Staub in der Stadt machst Du Dir keinen Begriff. Hoffentlich wird es zum Hinausfahren beßer sein, dann gehen wir noch ein wenig im Garten herum.

Nun will ich aber meinen langen Brief beenden, den Du kaum wirst lesen können, so schlecht schreibe ich mit dem Papa seinen Federn. Er selbst wird keine Zeit haben Dir zu schreiben, umarmt Dich aber so wie auch ich mit Gizela von ganzem Herzen. Die Herrn und Damen grüßen wir vielmals.

Schreibe bald Deiner

> Dich innig liebenden
> Mama

Die Correcturen in meinem Schreiben nimmt Papa vor.

Onkel Albert expedirte *(3 Wörter unleserlich)* das ist nicht meine Schuld.[18]

1 Das preußische Zündnadelgewehr war dem technisch veralteten österreichischen Vorderlader, mit dem die Infanterie ausgerüstet war, an Feuerkraft drei- bis viermal überlegen und trug entscheidend zu den Waffenerfolgen der preußischen Armee bei.
2 Marie, Königin von Sachsen, eine Schwester von Erzherzogin Sophie, der Mutter Franz Josephs
3 Dresden wurde am 18. Juni 1866 von den preußischen Truppen besetzt.
4 Carl Graf Grünne, Inhaber des Ulanen-Regimentes Nr. 1
5 Rittmeister August Freiherr von Bertoletti erlitt eine schwere Schußwunde im Oberschenkel.
6 Rittmeister Bernhard Prinz zu Solms-Braunfels
7 Erzherzog Leopold, Kommandant des 8. Armeekorps
8 Stadt in Böhmen, östlich von Prag
9 Am 28. Juni 1866 erlitt die österreichische Armee in den Gefechten bei Soor, Skalitz und Münchengrätz Niederlagen. Die Österreicher hatten insgesamt rund 7 500 Mann an Toten und Verwundeten zu beklagen.
10 Gemeint ist Erzherzog Albrecht, der Oberbefehlshaber der österreichischen Südarmee in Italien.
11 Erzherzog Rainer der Jüngere, der sich im militärischen Hauptquartier Albrechts befand
12 Die Verluste des Regimentes in der Schlacht bei Custozza am 24. Juni 1866 betrugen 9 Offiziere und 80 Mann an Gefallenen. Verwundet wurden 12 Offiziere und 247 Mann.
13 Brigadier Gustav Friedrich Prinz zu Sachsen-Weimar. Das unrühmliche militärische Verhalten des Prinzen, das die Kaiserin so unverblümt brandmarkt, findet in den offiziellen Berichten keine Entsprechung. Elisabeth war offenbar über den Kaiser informiert, dem Erzherzog Albrecht persönlich berichtet haben wird. Nach der Schlacht bei Solferino, 1859, wurde der Prinz für sein tapferes Benehmen jedenfalls mit dem Ritterkreuz des Leopolds-Ordens ausgezeichnet. Im Jahre 1870 wurde er im Alter von 43 Jahren pensioniert.
14 Fürst Friedrich Liechtenstein, General der Kavallerie
15 Die italienische Armee erlitt bei Custozza eine Niederlage, doch mußte Österreich im Frieden zu Wien Venetien an das Königreich Italien abtreten.

16 Es war Graf Eduard Paar, der 1866 zum Major befördert und zum Adjutanten des Kaisers ernannt wurde.
17 Die entscheidende Schlacht fand am 3. Juli 1866 bei Königgrätz in Böhmen statt.
18 Die letzten zwei Zeilen des Briefes sind durchgestrichen.

Ende Jänner 1867 fuhr die Kaiserin über München nach Zürich, wo sie ihrer Schwester Mathilde einen Besuch abstattete. Mathilde war mit Graf Luigi (Ludwig) Trani, dem ältesten Bruder König Franz' II. von Neapel-Sizilien, verheiratet. Die Ehe war nicht sonderlich glücklich.
Elisabeth gefiel es in Zürich recht gut. Sie ging mit ihrer Obersthofmeisterin viel spazieren und suchte, ganz gegen ihr strenges diätetisches Verhalten, ab und zu eine Konditorei auf. Die Nachmittage verbrachte sie im Haus der Schwester, wo ihr der Redeschwall des Grafen und das Geschrei des Säuglings – Mathilde hatte kurz vor der Ankunft der Kaiserin eine Tochter zur Welt gebracht – ziemlich auf die Nerven ging.

8 Zürich, 27. Jänner *(1867)*

Mein lieber Rudolf,

Mit großer Freude erhielt ich Deinen lieben Brief, wie Dir der Papa sicher mitgeteilt hat.
Ich würde ihm öfter schreiben, nur habe ich unendlich wenig Zeit, und hier bei Tante Spatz[1] herrscht eine solche Dunkelheit, daß ich kaum sehen kann, und ihr Mann redet die ganze Zeit und macht mich ganz wirr.
Die Gegend ist sehr schön, ich mache zweimal täglich einen Spaziergang, morgens um halb acht, nach einem schrecklich kalten Bad, das Wasser hat hier nur 5 Grad.
Vor dem Mittagessen mache ich meinen zweiten Spaziergang,

und am Nachmittag komme ich wieder hierher und bleibe bis zum Abend.
Vorgestern besuchten wir eine Konditorei, Paula[2] und ich aßen alles mögliche und sahen nachher die Stadt an. Jetzt fängt der Säugling so zum Schreien an, daß ich nicht weiterschreiben kann. Im großen und ganzen ist er nicht so ekelhaft wie sonst solche Kinder, und er stinkt nur ganz von der Nähe.[3] Gott mit Dir, mein Herzenskind, ich umarme Dich mit Papa und Gizela und küsse Dich im Gedanken

      Deine Mutter

Grüße an die beiden Herren.

1 Elisabeths Schwester Mathilde wurde in der Familie »Spatz« genannt, weil sie als Kind schwach und beklagenswert aussah.
2 Paula Gräfin Königsegg, geborene Bellegarde, die Obersthofmeisterin Elisabeths
3 Die Kaiserin brachte auch bei anderen Gelegenheiten zum Ausdruck, daß sie für kleine Kinder wenig übrig hatte.

Am 8. Mai 1867 reiste das Kaiserpaar nach Ungarn, wo es von der Bevölkerung enthusiastisch begrüßt wurde.
Schon bald nach ihrer Ankunft in Ofen (Buda) nahm Elisabeth mit ihrem Gemahl Schloß Gödöllö in Augenschein, das gerade instand gesetzt wurde. Es war von einer großen Parkanlage, einem herrlichen Reitterrain und ausgedehnten Wäldern (ca. 10 000 Hektar) umgeben und hatte schon beim ersten Anblick im Jahr zuvor das Gefallen der Kaiserin gefunden.
Elisabeth wohnte in Pest Pferderennen bei, die sie sehr amüsierten, und erfreute sich, trotz stürmischen Wetters, des Frühlings: Bäume und Sträucher standen im Burggarten in Blüte. Sie fühlte sich wohl. Nur die Kinder fehlten ihr.

Buda, 13. Mai 1867

Mein lieber Rudolf,

Über Deinen lieben Brief, den ich heute morgens erhielt, habe ich mich sehr gefreut. Gestern habe ich an Gizela so ausführlich geschrieben, daß mir heute kaum etwas zum Berichten bleibt.
Beim Einzug gab es eine Musikkapelle, in der Kochmeister Villa[1] waren wir noch nicht. Zwei Nachmittage gab es Pferderennen, und vorgestern sind wir in Gödöllö herumkutschiert. Es war zu warm, um im Garten herumzugehen, so daß ich ihn nicht gut beschreiben kann, aber anscheinend ist er ziemlich umfangreich, von großen Wäldern umgeben, der Boden ist sehr weich und sandig.[2] Der Weg dorthin dauerte anderthalb Stunden.
Bei dem gestrigen Pferderennen habe ich mich wieder sehr gut unterhalten, besonders das Rennen der Bauern war sehr amüsant. Sie haben schöne, gute Pferde, und sie reiten alle ohne Sattel. Den Esterházy-Preis[3] hat ein Kladruby-Pferd[4] gewonnen, der Bruder meines Bésignás (?), was Papa sehr gefreut hat.
Seit zwei Tagen herrscht solcher Sturm, daß man Pest von dem vielen Staub kaum sehen kann. Der Burggarten ist jetzt wunderschön; alle Fliedersträucher stehen in Blüte, ebenso die Kastanien und Akazien, so daß der Duft auch die Zimmer erfüllt. Ich bewohne die gleichen Zimmer wie im vorigen Jahr; ich würde mich hier sehr wohl fühlen, nur ihr fehlt mir.
Jetzt Gott mit Dir, mein Herzenskind, ich umarme Dich mit Gizela

Deine Dich liebende
Mutter

Grüße Deine Herren von mir.
Der Tag der Krönung[5] steht noch nicht fest.

150

1 Die Villa gehörte August Kochmeister, der k. k. Generalquartiermeister und Brigadier in Pest war. Sie wurde von der kaiserlichen Familie ab und zu gemietet.
2 Das reizende Schloß nordöstlich von Budapest wurde dem Kaiserpaar 1867 vom ungarischen Staat zum Krönungsgeschenk gemacht.
3 Benannt nach Nikolaus (Niki) Esterházy, einem berühmten Reiter
4 Pferdegestüt ca. 10 Kilometer westlich von Pardubitz in Böhmen
5 Die Krönung Franz Josephs und Elisabeths zum König und zur Königin von Ungarn fand am 8. Juni 1967 statt.

Das folgende undatierte Schreiben ist aufgrund der Mitteilungen über die Reisetätigkeit und den Aufenthaltsort von Mitgliedern der kaiserlichen Familie auf Donnerstag, den 23. Mai 1867, zu datieren.
Die Kaiserin hielt sich in Budapest auf, der Kaiser weilte für kurze Zeit in Wien, um den Reichstag zu eröffnen.

10   Donnerstag *(, 23. Mai 1867)*

Mein lieber Rudolf!

Papa hat Dir gesagt, warum ich Deinen lieben Brief bis jetzt nicht beantwortet habe. Ich habe jeden Tag Anstalten[1] besucht, was nicht gerade amüsant ist, aber etwas Notwendiges.
Nach dem Mittagessen empfange ich Besuche, und am Abend reite ich. Im Theater war ich nur einmal, vorigen Sonntag. Laut dem gestrigen Brief Papas kommt er bald mit Euch zusammen. Ich freue mich unendlich darüber.
Wenn es nur so kühl und angenehm bleiben würde wie jetzt. Es regnet jeden Tag, so daß ich niemals unter der Hitze leide.
Die arme Mathilde tut mir von Herzen leid, die von so einem Unglück getroffen wurde. Sie litt furchtbar, und es wird sicher lange dauern, bis sie gesund wird.[2]

Da ich Dir geschrieben habe, schreibe ich heute nicht an Papa, sage ihm, daß ich ihn von Herzen küsse.
Dich und Gizela umarmt Deine Dich liebende

Mutter

1 Die Kaiserin stattete in offizieller Funktion öffentlichen Institutionen wie Mädchenerziehungsanstalten, Waisenhäusern, Krankenhäusern usw. Besuche ab.
2 Erzherzogin Mathilde, die Tochter von Erzherzog Albrecht, erlitt einen schweren Brandunfall, als sie aus Angst vor Strafe ihre brennende Zigarette hinter ihrem Rücken zu verbergen versuchte und ihr Kleid Feuer fing. Sie starb am 6. Juni 1867 einen qualvollen Tod.

Nach einem Zusammentreffen zwischen dem österreichischen und dem französischen Kaiserpaar (Napoleon III. und Eugénie) in Salzburg fuhr Elisabeth abermals nach Zürich, um ihre Schwester Marie und das Ehepaar Trani wiederzusehen.
In Zürich fühlte sich die Kaiserin nicht sehr wohl. Es kam ihr daher sehr gelegen, daß sie mit Marie vor der Cholera nach Schaffhausen »flüchten« mußte, wo es frischere Luft gab und wo die beiden Damen den berühmten Rheinfall bewundern konnten.

11   Zürich, 1. September 1867

Mein lieber Rudolf!

Mit großer Freude habe ich Deine lieben Briefe bekommen, ich hätte längst geantwortet, aber ich habe hier sehr wenig Zeit, ich bin sozusagen niemals allein, wie ich das unlängst auch Gizela geschrieben habe.
Morgen flüchten wir nach Schaffhausen[1] vor der Cholera, die sich ausweitet. Tante Marie und ich freuen uns auf die Ab-

wechslung, schon allein, weil wir unter einem Dach wohnen werden, aber Tante Spatz nicht, weil sie nicht mit ihrem kleinen Säugling, den sie unendlich liebt und hütet, reisen will. Man sagt, in Schaffhausen sei die Luft viel stärker und frischer als hier, ich freue mich darauf, weil man sich hier in der Tat nicht so wohl fühlt, wenn man an die starke Luft in Ischl gewöhnt ist. Bis jetzt haben wir sehr faul gelebt, wir sind nicht spazieren gegangen, höchstens Abends, nach dem Abendessen im Garten, der zu dieser Zeit voll ist mit Fremden. Vor allem gibt es viele Engländer hier. Wir haben Bekanntschaft geschlossen mit einem sehr schönen zwölfjährigen belgischen Mädchen, das wunderschöne lange Haare hat. Mit ihm haben wir oft gesprochen, ich habe es sogar geküßt! Also kannst Du Dir vorstellen, wie süß sie sein muß. Jetzt Gott mit Dir, mein Herzenskind, ich umarme und küsse Dich und Gizela.

Deine Dich liebende
Mutter.

Ich grüße die Herren.

1 Schweizer Stadt am rechten Ufer des Hochrheins

Anfang Februar 1868 reiste die hochschwangere Kaiserin nach Ungarn, wo sie ihr viertes Kind zur Welt bringen wollte. In den drei folgenden Briefen aus Ofen an ihren zehnjährigen Sohn verliert sie darüber jedoch kein Wort.

12 Buda, 11. Februar 1868

Mein lieber Rudolf!

Dein lieber Brief hat mich sehr gefreut, und weil Deiner der erste war, antworte ich Dir zuerst, vor Gizela. Du hast Dich sicher sehr gefreut, Papa wiederzusehen. Wenn er nur mit Euch wieder herkommen könnte.

Das Wetter ist noch immer sehr angenehm, es ist nicht kalt, und nachdem mein Husten fast ganz vergangen ist, mache ich täglich sogar zwei Spaziergänge.

Gizela schreibt, daß Dein Fuß noch immer weh tut. Das dauert aber schon ziemlich lang. Am Ende wirst Du sogar ohne Schuhe reisen müssen.[1] Sag dem Papa, daß ich morgen an ihn und Gizela schreiben werde und daß ich mich für seine Briefe bedanke. Jetzt kommt Gräfin Dezsöffy[2] zu mir, also muß ich meine Zeilen beenden.

Ich küsse Dich vom Herzen. Deine Dich liebende

Mutter

1 Rudolf und Gisela reisten am 15. Februar 1868 zur Mutter nach Ofen. Die Fußverletzung des Kronprinzen wird in der Tagespresse nicht erwähnt.
2 Gemeint ist Gräfin Mathilde Dessewffy.

13 Buda, 3. April *(1868)*

Lieber Rudolf!

Hier sende ich Dir den lange versprochenen Hl. Georg. Mit großer Freude höre ich, daß du mutig und mit Freude reitest. Papa hat mir heute morgen über die Briefe berichtet, die er von Dir und Gizela bekommen hat. Anscheinend zeichnet sie schon ziemlich viel und findet viel Freude daran.

Gestern konnte ich meine Zeilen nicht fertig schreiben, weil ich zu Tante Marie zum Frühstück heraufgehen mußte. Unlängst ritt sie auf Norma, die aber viel stärker ist als sie und mit ihr in jeden Strauch und jedes Feld hineingegangen ist, so daß sie schließlich das Pferd des B. Solmes nehmen mußte, anfangs war ich erschrocken, dann habe ich sie sehr ausgelacht. Sonst reitet sie jedes Pferd und ist mit ihnen sehr zufrieden.

Die neue Orgel[1] ist da, sie sieht genau so aus wie die in Schönbrunn, sie spielt sieben Stücke und hat einen sehr angenehmen Klang. Wenn wir im Zimmer sind, lassen wir sie immer spielen. Unten (im Eingang) gibt es auch neue und sehr bequeme Möbel, die ich von Papa bekommen habe; so ist es auch hier jetzt sehr hübsch geworden. Tante Marie und ich verbringen da den ganzen Vormittag.

Jetzt Gott mit Dir, lieber Rudolf, es umarmt und küßt Dich und Gizela Deine Dich liebende

Mutter.

Ich danke Dir vom Herzen für Deine schön geschriebenen Briefe.
Ich lasse die Herren grüßen.

1 Gemeint ist eine mechanische Spielorgel.

14   Buda, 13. April 1868

Lieber Rudolf,

Herzlich Dich umarmend und küssend wünsche ich alles Gute zu Deinem Namenstag. Es tut mir sehr leid, daß ich nicht den ganzen Tag bei Dir sein und unsere Geschenke Dir nicht persönlich übergeben kann.
Deine letzten Briefe habe ich mit großer Freude empfangen,

wie es Dir Papa, der fleißiger ist als ich, schon geschrieben hat. Das Leben hier ist immer gleich, jetzt, da das Wetter so schön ist, sind wir viel im Garten, Tante Marie geht sogar früh am Morgen spazieren, da sie kalte Abreibungen bekommt, so wie ich früher.

In der Karwoche waren wir sehr viel in der Kirche, die Auferstehung war hier sehr einfach und kurz, nicht wie in Wien.

In Pest, neben der Straße beim Stadtwäldchen liegt ein toter Esel, was ziemlich ekelhaft ist, wir sind neugierig, wie lange er dort liegen wird. Dies und sehr viel anderes hier erinnert Tante Marie an Rom[1].

Jetzt Gott mit Dir, lieber Rudolf, meine besten Wünsche wiederholend küßt und umarmt Dich und Gizela Deine Dich liebende

Mutter.

Tante Marie wünscht auch alles Gute.

[1] Exkönig Franz II. von Neapel-Sizilien und seine Frau Marie lebten seit dem Verlust ihres Reiches im Februar 1861 in Rom im Exil.

Anfang März 1869 unternahm der Kaiser von Ofen aus in Begleitung seiner Gemahlin eine Inspektionsreise nach Kroatien und Slawonien. Das Kaiserpaar empfing in Agram, wo es am 8. März eintraf, die Vertreter des Klerus, der Militär- und Zivilbehörden. Der Kaiser inspizierte Kasernen, besuchte Krankenhäuser und unternahm Fahrten nach Petrinja, Karlstadt und Fiume, wo er die Marineakademie besichtigte, während die Kaiserin bereits am 12. März wieder nach Ofen zurückfuhr.

Franz Joseph stattete noch Pola und Triest einen Besuch ab, ehe auch er über Laibach wieder in die ungarische Hauptstadt zurückkehrte.

15   Zagreb, 11. März 1869

Lieber Rudolf,

Vor dem Kutschieren bleibt mir kaum Zeit, auf Deinen gestrigen Brief mit einigen Worten zu antworten. Es freut mich, daß es Dir wieder ganz gut geht. Hier es es so kalt wie überall, am Abend hat es wieder geschneit. Der arme Papa tut mir leid, er mußte in diesem abscheulichen Wetter früh nach Varasdin[1] reisen, woher er erst spät nach Hause kommen wird. Die Gegend ist hier sehr hübsch; nahe der Stadt besitzt der Kardinal[2] einen großen Garten, der im Frühling wunderschön sein kann. Wegen dem schlechten Wetter bin ich nur durchkutschiert. Die Berge ringsum sind mit Schnee bedeckt. Bei der Reise hierher habe ich den Plattensee gesehen, der noch viel schöner ist, als ich gedacht habe.
Die arme Lilli[3], wie sie mir leid tut. Ich kann mir vorstellen, wie traurig sie sein muß. Wenn Du sie siehst, sage ihr, wie viel ich an sie denke.
Papa hat sich über Gizelas Brief sehr gefreut, hat jetzt aber keine Zeit, zu antworten.
Dich und Gizela küßt herzlich Deine Dich liebende

                                 Mutter.

Ich lasse Latour grüßen.

1 Warasdin (kroatisch: Varaždin), königliche Freistadt in Kroatien
2 Erzbischof von Agram von 1853–1869 war Georgius Haulik, der 1856 zum Kardinal ernannt worden war.
3 Mit »Lilli« ist die Hofdame Elisabeths, Gräfin Hunyadi gemeint. Ihr Vater, Joseph Graf Hunyadi, war am 9. 3. 1869 gestorben.

Nach ihrem kurzen Ausflug nach Agram verbrachte Elisabeth auch den April 1869 in Budapest. Der Kaiser kam, so oft es seine Zeit gestattete, nach Ofen, um seine Gemahlin zu besuchen.
Die Kaiserin ging nicht nur, wie man aus dem folgenden Brief schließen könnte, ihrem geliebten Reitsport nach. Sie erfüllte in Abwesenheit des Kaisers auch die allernotwendigsten Repräsentationsaufgaben und hatte am 16. April sogar die Freude, den ungarischen Politiker Ferenc (Franz) Déak zu Gast zu haben, der sich nach 1867 ganz aus dem politischen Leben zurückgezogen hatte.
Im übrigen freute sie sich schon auf Gödöllö und auf das Wiedersehen mit Rudolf und Gisela.

16   Buda, 9. April *(1869)*

Lieber Rudolf!

Gizela hat Dir bereits mitgeteilt, daß ich mich über Deinen Brief sehr gefreut habe. Ihr Bild gefällt mir sehr gut und ich würde mich freuen, wenn sie mir ein kleineres Bild von Euch Beiden schicken könnte.
Gott sei Dank, das Befinden der alten Großmama[1] bessert sich täglich, aber ich kann mir vorstellen wie erschrocken Großmama war und die ganze Familie, denn anscheinend war sie doch sehr gefährlich krank.[2] In Wien ist das Wetter wahrscheinlich genau so schön wie hier.
Valerie spielt jetzt oft im Garten, einmal ritt sie auch, aber sie hatte doch etwas Angst. Vorgestern ritt ich drei Stunden lang auf zwei Pferden und gestern ritt ich auf dem schönen *(Pferdename unleserlich)* zu Mr. Law[3], wo ich wieder wunderschöne Pferde sah. Jetzt essen wir bereits um drei Uhr, damit wir unge-

stört den schönen Abend genießen können. Ich freue mich schon sehr auf Gödöllö, wo ich Euch am 27. wiedersehen werde. Mit Papa zusammen küßt Dich und Gizela, Deine dich liebende

Mutter.

1 Gemeint ist Karoline Auguste, die vierte Gemahlin Kaiser Franz' I.
2 Die »alte« Großmama war an einem Bronchialkatarrh mit Fieber erkrankt.
3 Ein Reitlehrer Elisabeths?

*Am 4. Juli 1869 traf Elisabeth mit ihrer jüngsten Tochter Marie Valerie auf Schloß Garatshausen am Starnberger See ein, das ihrem ältesten Bruder Ludwig gehörte. Sie blieb bis zum 17. August. Sie fühlte sich in ihrer bayerischen Heimat wesentlich wohler als in Ischl oder gar in Wien. Inmitten ihrer Familie konnte sie sich, fern vom langweiligen, verhaßten Hofleben, völlig frei, natürlich und ungezwungen bewegen und benehmen. Und das tat sie auch. Sie badete im See, ging ihrem geliebten Reitsport nach und traf ihre Geschwister in Possenhofen, Tutzing und Feldafing. Oder aber die ganze Familie kam zu ihr nach Garatshausen auf Besuch.
Ihre jüngste Tochter Marie Valerie, die mittlerweile etwas mehr als ein Jahr geworden war, nahm die Kaiserin überall hin mit und las ihr jeden Wunsch von den Augen ab. Sie fuhr mit ihr in einem Kahn auf den See hinaus, lud wandernde Gaukler mit Tanzbären zu ihrer Belustigung in das Schloß ein und kaufte der Kleinen einen Hund, der ihr großes Vergnügen bereitete.*

17   Garatshausen, 8. Juli *(1869)*

Lieber Rudolf!

Mit großer Freude habe ich Deinen ersten Brief erhalten, aber ich konnte nicht früher antworten, so groß war die Unruhe, die meine ersten Tage erfüllt hat. Unentwegt kam jemand aus meiner zahlreichen Familie hierher, oder ich mußte Besuche machen, in Possi[1] oder in Tutzing[2], gestern abend wieder haben wir uns alle in Feldafing[2] versammelt, wo sich seit Vormittag meine Nené[3] mit den Kindern niedergelassen hat.
Das Wetter ist zumindest bis jetzt günstig, es hat nur den ersten Tag geregnet, seither ist der Himmel zwar bedeckt, aber die Luft sauber und gut.
Meine kleine Valerie verbringt fast den ganzen Tag im Garten von Hunden umgeben, es gibt hier mit unseren zusammen vier. Sie sieht viel besser aus, beginnt sogar zuzunehmen. Leider verläßt uns der liebe Papa schon heute Abend. Umso mehr werdet Ihr Euch freuen, daß er nach Ischl kommt.
Dich und Gizela küßt und umarmt

                              Mama

Deine Herren lasse ich grüßen.

1 Possenhofen
2 Orte am Westufer des Starnberger Sees
3 Helene, die älteste Schwester Elisabeths

18   2. August *(1869)*

Lieber Rudolf!

Durch Gizela habe ich mich für Deine letzten Briefe bedankt. Seither hat euch Wiederhofer[1] sicher viel über unser hiesiges Leben erzählt. Das Wetter war immer so günstig, daß ich täglich baden konnte, was hier ein wahrer Genuß ist, da das Wasser so warm ist, gestern erreichte es zwanzig Grad.[2] Ich kann mir vorstellen, wie warm es jetzt in Ischl ist. Hier, neben dem Wasser, ist die Hitze zumindest erträglich. Der arme Papa tut mir leid, er leidet wahrscheinlich sehr in Laxenburg. Onkel Louis[3] geht hier oft jagen, unlängst hat seine Gattin[4] einen Bock erlegt, was sie sehr gefreut hat. Größere Ausflüge machen wir nicht, gewöhnlich treffen wir uns in Possenhofen oder in Tutzing, woher ich manchmal sehr spät zurückkomme, so daß man kaum mehr sehen kann. Am Sonntag, wenn ich nicht reiten kann, kommt die ganze Familie hierher. In Bärnried[5] waren wir nur einmal, es ist schon ziemlich weit von hier, aber näher zum Ort, wo Nené Taxis[6] wohnt, am anderen Ende des Sees.

Nachmittags reitet meine kleine Valerie entweder in den Wald oder fährt in einem Kahn. Jetzt habe ich ihr einen kleinen Hund gekauft, der ihr viel Vergnügen bereitet und mit dem sie Tag und Nacht beisammen ist. Auch ich habe dieser Tage einen neuen Hund bekommen aus Stuttgart, statt Cora, aber bis jetzt hat er sich nicht richtig an mich gewöhnt.

Gizela lasse ich sagen, daß ich mich über ihren Brief gefreut habe, Euch beide umarmt und küßt Deine Dich liebende

Mutter.

Ich lasse die Herren grüßen.

1 Dr. Hermann Widerhofer, kaiserlicher Leibarzt
2 Die Kaiserin badete im Starnberger See.
3 Herzog Ludwig in Bayern, der älteste Bruder der Kaiserin
4 Ludwig war mit der Schauspielerin Henriette Mendel verheiratet, die bürgerlicher Abstammung war. Henriette wurde nach der Hochzeit zur Freiin von Wallersee erhoben.
5 Bernried, am Westufer des Starnberger Sees gelegen
6 Helene war seit 1858 mit Fürst Maximilian von Thurn und Taxis verheiratet.

Nach einem Aufenthalt in Rom bei ihrer Schwester Marie, die am 24. Dezember 1869 einer Tochter das Leben geschenkt hatte, fuhr Elisabeth direkt nach Ofen, wo sie mit ihrem Gemahl einige glückliche Wochen verbrachte. Sie besuchte dort im Februar 1870 sogar den Hofball. Gisela und der Kronprinz, der vorübergehend ein wenig unpäßlich war, gingen in Wien ihren Studien nach.

Der Kaiser erledigte in Ofen seine Amtsgeschäfte und fuhr zur Jagd nach Gödöllö, die Kaiserin nahm an Empfängen und Diners teil und umsorgte ihre zweijährige Tochter, von der der Maler Franz Schrotzberg ein erstes Porträt anfertigte.

19   Buda, 1. März 1870

    Lieber Rudolf!

Mit großer Freude habe ich Deinen Brief erhalten, es tut mir nur leid, daß es Dir nicht so gut ging. Seither haben wir von Latour gehört, daß Du wieder gesund bist und große Spaziergänge gemacht hast.

Papa ging heute das zweitemal zur Jagd nach Gödöllö.

Aber das Wetter ist heute nicht klar; der Nebel ist so dicht, daß man Pest kaum sehen kann.

Valerie ist mit ihren Sitzungen jetzt sehr beschäftigt. Es ist schwer, sie ruhig zu halten, sie will immer im Zimmer herumlaufen. Aber das Bild sieht ihr jetzt sehr ähnlich.[1] Brave[2] nimmt sich sehr gut neben ihr aus, ich hätte gar nicht geglaubt, daß Schrotzberg[3] auch Hunde malen kann.

Sage Gizela, daß ich Ihren Brief dankend erhalten habe.

Euch umarmend bleibe ich Deine Dich liebende

                             Mutter

Deine Herren grüße ich herzlich.

1 Von der kaum zweijährigen Kaisertochter wurde ein Porträt angefertigt.
2 Name eines Hundes
3 Franz Schrotzberg, Porträtmaler

Den Winter 1870/71 verbrachte die Kaiserin mit ihren beiden Töchtern in Meran. (Das folgende Schreiben wurde am 25. November 1870 abgefaßt.) Auch ihre Schwestern Marie und Sophie fanden sich mit ihren Familien dort ein. Der Kaiser, der in Ofen viel zu tun hatte, kam ab und zu auf Besuch, während der zwölfjährige Kronprinz allein und verlassen in der Hofburg bleiben mußte. Die Mutter fand das zwar traurig und vertröstete ihn auf ein Wiedersehen in kurzer Zeit, aber für den kleinen Kronprinzen muß die Trennung von der Familie doch schmerzlich gewesen sein.

20 Meran, 25. (November 1870)

Lieber Rudolf!

Jetzt, da der gute Papa auch weggefahren ist, bist Du ganz allein und verlassen. Ich kann mir vorstellen, wie traurig das ist. Aber Gott sei Dank, die Zeit, da Du hier sein wirst, kommt immer näher. Wenn das Wetter nur schön wird. Ich wünsche es so sehr, daß sich auch Papa gut unterhält, wenn wir schöne Ausflüge machen können.

Valerie sieht Gott sei Dank gut aus, hier ist sie so viel auf der frischen Luft wie nur möglich. Fast täglich spielt sie mit ihrer kleinen Cousine, die immer lustig ist und gut gelaunt, also für sie eine gute Zerstreuung.

Jetzt sind Tante Marie und der König[1] eingetroffen. Wir kutschierten mit Tante Sophie[2] ihnen entgegen und trafen einander auf der Bozener Straße, worauf wir vier mit Junoral[3] hierher zurückkamen.

Es macht mir immer große Freude, Deine Briefe zu erhalten, was Du durch meinen Brief an Papa schon weißt.

Herzlichst umarmt und küßt Dich Deine Dich liebende

Mutter

Deine Herren lasse ich grüßen.

1 König Franz II. von Neapel-Sizilien
2 Sophie, die jüngste Schwester Elisabeths, war seit dem Jahr 1868 mit Prinz Ferdinand von Bourbon-Orléans, Herzog von Alençon, einem Enkel des französischen Königs Louis Philippe, vermählt.
3 Name eines Pferdes

Im Dezember 1871 (aus dieser Zeit stammt der folgende Brief) weilte die Kaiserin für ein paar Tage in Wien, ehe sie sich wieder in die Villa Trauttmannsdorf, ihrem Meraner Domizil, zurückzog.
Das Leben in der kaiserlichen Residenz und die damit verbundenen Pflichten, »all die Diners, die Leute sehen und Besuche machen«, waren ihr aus tiefstem Herzen zuwider. Aber Elisabeth verstand es, aus der Not eine Tugend zu machen. Sie ging, ohne erkannt zu werden, auf der »uneleganten« Ringstraße spazieren, widmete sich täglich in der k. u. k. Hofreitschule dem Reitsport und besuchte gelegentlich die Oper.
Der Kronprinz und seine Schwester Gisela hielten sich in Salzburg auf, da in Wien eine Scharlachepidemie grassierte.

Wien, den 19. (Dezember 1871)¹

Liebe Gizela,
Lieber Rudolf!

Ich schreibe Euch zusammen, da ich jetzt hier so schwer Zeit dazu finde, mit all den Diners, Leute sehen, u. Besuche machen. Papa und ich danken Euch recht herzlich für Eure Briefe. Papa ist heute auf der Jagd, also ein Tag ohne größeres Eßen. Hier ist es ganz warm, ich gehe jeden Tag auf der uneleganten Ringstraße² mit Ludwig³ und Shadow⁴ spazieren, und die Leute kennen uns gar nicht, das ist sehr angenehm. Von 11 bis 12 reite ich auf der Schule.⁵
Einmal waren wir auch schon in der Oper.
Könntet Ihr nur bald zurück kommen. Von neuen Scharlachfällen unter den Bekannten weiß ich jetzt nur die beiden Wilcsek Kinder.⁶
Wir umarmen Euch Beide herzlichst.

Viele Grüße an Surirey⁷ und Latour.

1 Dieser Brief ist in deutscher Sprache verfaßt.
2 Die am 1. Mai 1865 eröffnete Ringstraße war noch nicht fertiggestellt. An allen Ecken und Enden wurde noch gebaut.
3 Ludwig Viktor, der jüngste Bruder des Kaisers
4 Die Rede ist von Elisabeths Irischem Wolfshund »Shadow«.
5 Gemeint ist die Spanische Hofreitschule.
6 Johann und Lucietta Wilczek, die Kinder von Graf Hans Wilczek, der der Kaiserin später beim Druck ihrer Gedichte geholfen haben soll. Graf Wilczek war ein vornehmer, vielseitiger Mann, der in der Wiener Gesellschaft großes Ansehen genoß.
7 Madame Alix de Surirey de St. Rémy, eine Erzieherin Giselas

Zu ihrem Leidwesen und höchst widerwillig unterbrach die Kaiserin im Jänner 1872 ihren Aufenthalt in Meran, wo sie sich den

Winter über abermals aufhielt, um in Wien an verschiedenen Ballveranstaltungen und Hoftafeln teilzunehmen. Das unruhige Leben, das sie zu führen gezwungen war, ermüdete sie und bereitete ihr Halsweh. Erleichtert blickte sie dem Tag entgegen, an dem sie, gemeinsam mit dem Kaiser, der ein wenig ausspannen wollte, wieder in das geruhsame Südtirol zurückkehren konnte.

22 Wien, 16. *(Jänner 1872)*

Lieber Rudolf!

Heute habe ich Halsweh und kann nicht ausgehen, auf diese Weise habe ich aber Zeit, Euch zu schreiben. Ich bin schon recht müde von dem unruhigen Leben hier. Aber das ermüdendste kommt noch, zwei Hofbälle[1] und eine große Tafel und ein Ball bei Andrássy[2]. Am Dienstag wird Gott sei Dank alles vorbei sein, und wir können uns auf den Weg machen. Bis Mittwoch abends werden wir zusammen in Salzburg sein, wie rasch wird die Zeit vergehen. Der gute Papa kommt mit mir nach Meran. Wenn nur das Wetter schön wird, daß er seine Freizeit genießen kann.
Ich umarme Dich und Gizela, danke für Euere Briefe und bleibe Deine, Dich liebende

Mutter.

Ich lasse Deine Umgebung grüßen.

1 Der »Hofball« und der intimere »Ball bei Hof«
2 Graf Gyula Andrássy, der 1871 zur Freude der Kaiserin anstelle von Graf Friedrich Ferdinand Beust zum k. u. k. Minister des Äußeren ernannt worden war

Der folgende Brief der Kaiserin ist auf Anfang Dezember 1874 zu datieren. Elisabeth hielt sich, wie auch im Jahr zuvor, mit Valerie in Gödöllö auf. Der Kronprinz reiste am 8. Dezember nach München, um seiner Schwester Gisela und Schwager Leopold einen Besuch abzustatten. Er hielt sich dort einige Tage auf und fuhr nach seiner Rückkehr sogleich nach Gödöllö weiter, wo er die Weihnachtsfeiertage mit der Familie verbrachte.

23 Gödöllö, Dezember *(1874)*

Lieber Rudolf!

Seitdem habe ich viel nachgedacht. Es ist doch besser, wenn Du in München nichts sagst. Leopold könnte sich möglicherweise verkühlen, oder sein Zustand könnte sich verschlechtern, und dann trage ich ewig schuld daran.[1]
Der König von Neapel war jetzt zwei Tage lang hier. Das Wetter ist angenehm, aber es liegt so viel Schnee, daß es unmöglich ist, im Freien zu reiten, was sehr schade ist, denn die Reithalle ist doch langweilig.
Valérie baut jeden Tag einen Schneemann im Haraszter Wald.
Jetzt Gott mit Dir, es umarmt Dich herzlich, Deine Dich liebende

Mutter.

1 Offenbar wollte die Kaiserin ihren Schwiegersohn zur Jagd einladen, fürchtete aber, er könnte sich erkälten und sie sich dann Vorwürfe seitens Giselas einhandeln. Das Verhältnis zwischen Mutter und Tochter war ohnedies kühl.

Die beiden folgenden Briefe (Nr. 24 und 25) wurden im Juli 1875 geschrieben. Dies ist aus verschiedenen Hinweisen und Indizien zu erschließen (Krankheit des Kronprinzen, bevorste-

hende Abreise der Kaiserin nach Frankreich, Briefpapier mit Trauerrand anläßlich des Todes von Exkaiser Ferdinand am 29. Juni 1875).

Die Kaiserin, die sich kurz in Garatshausen aufhielt und dann einige Zeit in Ischl verbrachte, hoffte, den an Schafblattern erkrankten Rudolf vor ihrer Frankreichreise noch zu sehen. Der Kronprinz traf aber dann doch erst ein, als die Mama bereits abgereist war.

Die Kaiserin ging in Ischl ihrem geliebten Reitsport nach, der Kaiser fuhr zur Jagd, Gisela und ihr Mann machten ab und zu einen Besuch im nahen Gmunden. Die siebenjährige Valerie beschäftigte sich mit ihrer kleinen Cousine, nahm Tanzstunden und vergnügte sich bei Kinderpartys.

24 *(Juli 1875)*

Lieber Rudolf!

Leider kann ich mich heute nur brieflich von Dir verabschieden, wie schön wäre es doch gewesen, heute abend zusammen zu verreisen. Jetzt hoffe ich nur noch Dich vielleicht doch noch zu sehen, bevor ich nach Frankreich fahre.
Du wirst sicher bald in ein Jagdhaus gehen können und wie lange dann noch die Quarantäne dauert, werde ich jetzt von Wiederhofer erfahren. Abends reite ich im Wildpark, ich springe oft, der Boden ist, besonders nach dem gestrigen Regenguß, prächtig. Ein großer Unterschied zu Ischl!
Es hat mich gefreut zu hören, daß Du diese Nacht so gut geschlafen hast, 12 Stunden sind schon sehr befriedigend. Es muß aber schrecklich langweilig sein, im Bett zu liegen, besonders in dieser Hitze.[1] Zumindest bist Du über das Ärgste hinweg und kannst bald aufstehen und hoffentlich auch reisen.
Ich umarme und küsse Dich herzlichst.

1 Der Kronprinz durfte am 15. Juli 1875 das Bett verlassen und machte eine Woche später eine Rundfahrt durch den Schönbrunner Park, wie die amtliche »Wiener Zeitung« berichtet.

25 Ischl, 24. *(Juli 1875)*

Lieber Rudolf!

Gott sei Dank, bist Du wieder wohlauf. Wiederhofer telegraphierte heute wegen der Ansteckung, weil es davon abhängt, ob ich Dich vor meiner Reise sehen kann. Ich hoffe es sehr, wenn auch nur Valerie, sie hinter dem Waggonfenster, ich draußen. Wenn das Wetter nur schön wäre, wenn Du hier bist, damit Du viel im Freien sein kannst. Ich war trotz des Regens jeden Tag reiten. Ich bin neugierig, ob Deine Pferde ankommen, während ich noch hier bin. Es wäre lustig.
Das Kind der Gizela ist von seltener Häßlichkeit[1], aber sehr lebhaft, und es belustigt Valerie. Leopold sieht unberufen viel besser aus.
Wowo[2] sitzt jetzt täglich neben mir beim Essen, während Papa auf der Jagd ist, und wir haben oft von Dir gesprochen.
Er kommt heute zu Valeries Tanzstunde. Morgen findet bei Valerie eine große Kindergesellschaft statt. Die Frau von Rab[3], die ehemals eine berühmte Schauspielerin war, wird deklamieren, was sehr lachhaft sein wird.
Gizela und Leopold fahren nach Gmunden, überall Besuche zu machen. Ich freue mich, daß ich das nicht tun muß.
Gott mit Dir, vom Herzen küßt Dich Deine liebende

Mutter.

Ich hoffe auf ein Wiedersehen hier oder unterwegs.

1 Giselas zweite Tochter Augusta, die am 28. April 1875 zur Welt kam.
2 Die ehemalige Aja Rudolfs und Giselas, Baronin Charlotte Welden (von den Kindern »Wowo« genannt), die auch nach ihrem Ausscheiden aus dem Hofdienst mit der kaiserlichen Familie in Kontakt blieb
3 Gemeint ist die Frau des k. u. k. Hoftanzmeisters Johann Raab. Nähere Angaben über sie waren nicht zu finden.

Am 29. Juli 1875 brach Elisabeth mit Valerie von Ischl aus zu einem mehrwöchigen Aufenthalt in die Normandie auf und traf am 1. August in Fécamp, einer Hafenstadt an der französischen Kanalküste, ein.
Die Kaiserin, die in der Normandie das alte, in einem schönen Park gelegene Schloß Sassetôt gemietet hatte, wurde von einem zahlreichen Gefolge begleitet, unter dem sich auch ihr englischer Stallmeister und zahlreiches Stallpersonal befand. Sie nahm auch viele Pferde auf die Reise mit.
Elisabeth ging, wenn es das Wetter zuließ, im Meer baden, wobei sie sich ungeniert unter die anderen Badegäste mischte. Am Nachmittag unternahm sie Ausritte in die Umgebung und trainierte in einem Wildpark in der Nähe des Schlosses Hindernisreiten. Bei einem dieser Ritte erlitt sie am 11. September 1875 einen Unfall mit Gehirnerschütterung.

26   Sassetot-le Mauconduit[1]
                                             Seine-Inferieure
                                                19. August 1875

    Lieber Rudolf!

Aus ganzem Herzen wünsche ich Dir alles Gute zum Geburtstag. Gottes Segen und seine Hilfe soll Dich weiterhin begleiten. Dein Brief hat mich gefreut, über mich hat Dir sicher der gute

Papa Nachricht gegeben, dem ich fleißig schreibe. Seit wir hier sind, reite ich jeden Tag, und ich springe auch häufig in einem Wildpark, wo Mr. Allen[2] einen Springgarten angelegt hat. Das Meer ist hier sehr ruhig, ich schwimme oder ich nehme nur ein Bad, weil das Ufer sehr unwegsam und steinig ist. Valérie hat bislang nur 4mal gebadet, aber sie spielt viel am Strand, manchmal sogar 3mal am Tag.
Anfangs hat es mich gestört, mit allen Leuten zusammen zu baden, aber jetzt habe ich mich daran gewöhnt.
Meine guten Wünsche herzlichst wiederholend umarmt und küßt Dich Deine Dich liebende

Mutter.

1 Schloß in der Normandie, 12 Kilometer von der Hafenstadt Fécamp entfernt
2 Mr. Allen, der englische Stallmeister der Kaiserin

Anfang März 1876 unternahm die Kaiserin mit einem beachtlichen Gefolge ihre zweite Englandreise (1874 war sie zum erstenmal auf der Insel gewesen), von der sie am 5. April wieder in die Heimat zurückkehrte. Sie fand in der Grafschaft Northamptonshire auf Easton Neston, dem früheren Landsitz des Earls of Pomfret bei Towcester, ein passendes Domizil und widmete sich mit offen zur Schau gestellter Leidenschaftlichkeit den Reitjagden und dem Hindernisspringen. Sie hatte mit Bay Middleton einen Reitlehrer gefunden, der sie über alle Hindernisse geschickt hinwegpilotierte.
Auch bei diesem Auslandsaufenthalt Elisabeths gab es diplomatischen Ärger, da die Kaiserin Queen Victoria ausgerechnet an einem Sonntag einen Besuch abstattete (am 12. März 1876), früher kam als vereinbart und nur kurz verweilte.
Von all dem ist im folgenden Brief an den Kronprinzen natür-

lich nicht die Rede. Die Mutter erzählt dem Sohn von einem Ausritt in die weitere Umgebung, von ihren Gefolgsleuten und von ihrer großen Leidenschaft: der Liebe zu den Pferden.

27 Easton Neston, Towcester, 28. März 1876

Lieber Rudolf!

Gestern bin ich nicht zum Schreiben gekommen, weil ich nach Meethag[1] ging, das ziemlich weit liegt. Tante Marie ritt auf meinem guten Gelben, der auch mit ihr gut ging. Gräfin Larisch[2] ritt auf Toogood[3], aber sie durfte nicht springen, Oregg[4] war immer neben ihr, um auf sie aufzupassen, sie unterhielten sich prächtig, die Hunde waren fast immer dabei.
Am Abend hatte ich ein großes Essen, unsere gewohnte Gesellschaft, die ziemlich groß ist, Tante Marie, der König, ihr Mann, dann die beiden Mr. Pennants[5] mit ihren Frauen, der eine von ihnen ist mein hiesiger Führer, ein angenehmer Mensch, der sehr gut und schön reitet. Heute und morgen wird keine Jagd in unserer Gegend abgehalten, weil in Northampton[6] große Rennen stattfinden, aber da es keine Steeplechase gibt, werde ich nicht gehen.
Jetzt gehen wir zu Tante Marie hinüber, ich küsse Dich tausendmal mit Papa und Valerie,
Deine Dich liebende

Mama

Dein gelber Limerick Lass (?) ist ein herrliches Pferd, 6 Jahre alt, irisch und wird noch viel stärker werden. Papa sein Pferd ist das vollkommenste, das Du Dir vorstellen kannst; gestern haben wir ihn nicht herausgelassen, weil er noch nicht ganz in

Ordnung ist, und erst wenn es nicht die geringste Gefahr mehr gibt, werde ich ihn einmal reiten. Er ist so schön und kostbar, daß man nicht genug auf ihn aufpassen kann.

1 Ort in Northamptonshire
2 Gräfin Henriette Larisch, die Gemahlin von Heinrich Graf Larisch-Moennich
3 Name eines Pferdes der Kaiserin
4 Offenbar ein Reitlehrer aus dem Gefolge der Kaiserin
5 Angehörige einer bekannten englischen Adelsfamilie, die der Kaiserin Gesellschaft leisteten und sie betreuten
6 Stadt in der gleichnamigen Grafschaft in Mittelengland

Unter den Briefen der Kaiserin finden sich auch drei Telegramme an Rudolf aus dem Kriegsjahr 1866.

29. Juni 1866   Von Schönbrunn nach Ischl

Ich habe Papa wohl gefunden. Vom Kriegsschauplatze fortgesetzte Gefechte ohne Bedeutung.
Wir umarmen Euch.[1]

1 Elisabeth war von Ischl nach Wien gefahren, um in diesen schweren Tagen an der Seite ihres Gemahls zu sein. Um diese Zeit fanden auf dem Kriegsschauplatz in Böhmen folgende Gefechte statt: Soor, Skalitz und Münchengrätz.

9. Juli 1866   Von Wien Burg nach Ischl

Ich gehe heute auf 2 Tage nach Ofen, um die Verwundeten zu besuchen.[1] Es geht uns gut.

1 Wie schon in Wien war die Kaiserin auch in Ofen von früh bis spät auf den Beinen, um den Verwundeten in den Krankenhäusern Trost zu spenden.

2. August 1866   Von Schönbrunn nach Ofen

Ich werde Morgen zu Euch in die Villa kommen.[1]

1 Die Kinder, die sich in Ischl aufhielten, wurden von der Kaiserin am 13. Juli 1866 nach Ofen gebracht, wo sie in der Villa Kochmeister Quartier nahmen. Sie kehrten mit der Mutter Anfang September nach Österreich zurück.

PERSONENREGISTER

Abensperg-Traun, Otto Graf (1848–1895), Oberthofmeister des Kaisers 91 f.
Albert, König von Sachsen (1828–1902), ein inniger Freund Kaiser Franz Josephs 82 f.
Albrecht, Erzherzog (1817–1895), ältester Sohn Erzherzog Karls, 1866 Kommandant der Südarmee, ab 1869 Generalinspekteur der k. u. k. Armee 75 f., 103, 117, 124, 145–147
Alençon, Ferdinand, Herzog von (1844–1910), Gemahl Sophies in Bayern, einer Schwester der Kaiserin 164
Alexander II. (1818–1881), Zar von Rußland 76, 119
Alfons XII. (1857–1885), König von Spanien 89
Alice von Bourbon-Parma (1849–1935) 91
Allen, Mr., Stallmeister der Kaiserin 171
Amalie von Sachsen-Coburg (1848–1894), Gattin von Max Emanuel, dem jüngsten Bruder der Kaiserin 112 f.
Andrássy, Julius Graf (1823–1890), 1867 ungar. Ministerpräsident, 1871 österr.-ungarischer Außenminister 39 f., 48, 77, 111, 166
Angerer, Fanny, siehe: Feifalik, Fanny von
Auchenthaler, Franz Dr. (1840–1915), kaiserlicher Leibarzt 123, 125
Auersperg, Adolf Fürst (1821–1885), 1871–79 österreichischer Ministerpräsident 109
August, Herzog von Sachsen-Coburg-Gotha (1818–1881) 61
Augusta, Prinzessin von Bayern (1875–1964), zweitälteste Tochter Leopolds von Bayern und Giselas 170
Balassa, Johann Dr. (1812–1868), Arzt, der die Kaiserin betreute 47
Bechtolsheim, Anton Freiherr von (1834–1886), Generaladjutant des Kaisers 48, 50, 52, 61
Bellegarde, August Graf (1826–1886), Generaladjutant des Kaisers 37 f., 41, 48, 54, 56, 58, 62

Bertoletti, August Freiherr von (1837–1874), Rittmeister im Ulanen-Regiment Nr. 1 145, 147
Beust, Friedrich Ferdinand Graf (1809–1886), 1867–71 österreichischer Ministerpräsident, österr.-ungarischer Außenminister 60 f., 166
Bibra, Wilhelm Freiherr von Gleicherwiesen (1823–1879), Brigadier 103 f.
Bombelles, Charles Graf, Obersthofmeister Rudolfs 117
Braganza, Dom Miguel (1853–1927), Haupt einer Seitenlinie des Hauses Braganza zu Heubach in Bayern, Offizier in der österreichischen Armee 104 f.
Buchanan, Sir Andrew 122 f.
Buchmüller, Susanna, k. k. Hof-Mundköchin 18 f.
Carl Theodor, Herzog in Bayern (1839–1910), Lieblingsbruder der Kaiserin 93, 95, 137–139
Chlumetzky, Johann Freiherr von (1834–1924), 1875–79 österreichischer Handelsminister 109
Coburg, Philipp Prinz (1844–1921), Jagdgefährte des Kaisers 64
Déak, Ferenc (1803–1876), ungarischer Staatsmann 158
Dessewffy, Mathilde Gräfin (1874–1899), Gattin des k. k. Kämmerers Karl Graf Dessewffy 154
Edelsheim-Gyulai, Friederike Freifrau von, geb. Kronau (1841–1908) 86
Erkel, Franz (1810–1893), ungarischer Komponist 32
Ernst August, Kronprinz von Hannover, Herzog von Cumberland (1845–1923), emigrierte mit seinem Vater, König Georg, 1866 nach Österreich 103, 105
Esterházy, Nikolaus Graf (1839–1897), Besitzer der Herrschaft Totis (Tata) in Ungarn 79, 150 f.
Exner, Adolf (1841–1894), Jurist 87
Feifalik, Fanny von, geborene Angerer (1842–1911), Friseurin der Kaiserin 138 f., 142
Feifalik, Hugo Ritter von (1834–1914), Gatte der obigen, k. u. k. Hofrat, Sekretär der Kaiserin 142
Ferdinand IV., Großherzog von Toskana (1835–1908), residierte in Salzburg 43, 48, 56, 58, 69, 77, 84, 90, 93, 96, 98, 109, 113, 120
Finck von Finckenstein, Karl Graf (1835–1915), königlich preußischer General, 1871 Militärattaché in Wien 81
Franz II., König von Neapel und Sizilien (1836–1894) 93, 96 f., 148, 156, 164, 167, 172
Franz IV. Josef von Este, Herzog von Modena (1775–1846) 32
Franz Karl, Erzherzog (1802–1878), Vater Franz Josephs 23, 93, 97

Friedrich (»Fritzel«), Erzherzog (1856–1936), Adoptivsohn Erzherzog Albrechts, Generaltruppeninspektor, 1907 Oberkommandierender der Landwehr 103, 105
Gablenz, Ludwig Karl Freiherr von (1814–1874), Feldzeugmeister 58 f.
Giraud, französische Sprachlehrerin der Erzherzogin Gisela 18
Gisela, Erzherzogin (1856–1932), ältere Schwester des Kronprinzen, 1873 Heirat mit Prinz Leopold von Bayern 7, 17–34, 37 f., 40 f., 44–47, 50–53, 54, 58, 60, 61, 63, 65 f., 68, 71 f., 74–78, 80, 82–84, 86, 89 f., 93–100, 105 f., 110, 112 f., 114, 116, 118, 121, 123, 133, 135 f., 140 f., 143, 145 f., 150, 152–162, 164–170
Gondrecourt, Leopold Graf (1816–1888), General, Erzieher des Kronprinzen 22 f., 28, 132, 138, 142
Grosvenor, engl. Adelsfamilie 124
Grünne, Karl Graf (1808–1884), Generaladjutant des Kaisers, Inhaber des Ulanen-Regimentes Nr.1 85 f., 88, 136 f., 144 f., 147
Halévy, Jacques Fromental (1799–1862), französischer Opernkomponist 61
Haulik, Georgius (1788–1869), 1853–1869 Erzbischof von Agram 157
Helene (»Néné«), Prinzessin in Bayern (1834–1890), älteste Schwester der Kaiserin 137 f., 160–162
Henriette von Nassau-Weilburg (1797–1829) 71
Hess, Heinrich Freiherr von (1788–1870), k. u. k. Feldmarschall 75
Hettyey, Rittmeister eines Husarenregimentes 81
Hohenlohe-Schillingfürst, Constantin Fürst (1828–1896), 1867 Erster Obersthofmeister des Kaisers 43 f., 89, 91, 98, 112
Hunyadi, Caroline (»Lily«) Gräfin (1836–1907), Hofdame Elisabeths, heiratete Otto Freiherr von Walterskirchen 142, 157 f.
Isabella II., Königin von Spanien (1830–1904) 89
Josef Karl Ludwig, Erzherzog (1833–1905), ab 1869 Oberbefehlshaber der ungarischen Landwehr, berühmter Zigeunerforscher 46–48, 57, 60 f., 64, 112 f., 115
Karl, Erzherzog (1771–1847), bedeutendster Feldherr des habsburgischen Kaiserhauses 34 f., 71
Karl Ludwig, Erzherzog (1833–1896), Bruder Franz Josephs 43, 84 f., 91, 108
Karl Salvator, Erzherzog (1839–1892), Feldmarschalleutnant, machte zahlreiche waffentechnische Erfindungen 34
Karoline Auguste (1792–1873), vierte Gemahlin Kaiser Franz I. von Österreich, Schwester der Erzherzogin Sophie 158 f.
Ketterl, Eugen 74

Klothilde von Sachsen-Coburg-Gotha (1846–1927), Gattin von Erzherzog Josef 61, 108 f., 112 f.

Kochmeister, August (1809–1888), k. k. Generalquartiermeister, Brigadier in Pest 34, 36, 150 f.

Königsegg-Aulendorf, Alfred Graf (1817–1898), Obersthofmeister der Kaiserin 27 f., 37, 39, 69

Königsegg-Aulendorf, Franz Xaver Graf (1858–1927), Sohn des vorigen 20 f., 142

Königsegg-Aulendorf, Paula Gräfin, geb. Bellegarde (1830–1912), Mutter des vorigen, Obersthofmeisterin der Kaiserin 27–30, 69, 142, 149

Konstantin Nikolajewitsch, Großfürst von Rußland (1827–1892), zweitgeborener Sohn Zar Nikolaus I. 32

Kotz, von Dobř. Baron Wenzel (1842–1912), k. u. k. Kämmerer und Feldmarschalleutnant 80 f.

Krauss, Alfred Freiherr von (1824–1909), General, 1882 Statthalter in Böhmen 57

Krieghammer, Edmund Freiherr von (1832–1906), Flügeladjutant des Kaisers, 1893–1902 Reichskriegsminister 56–58, 62

Kundrat, Carl, k. k. Revierförster 52 f., 118

Lamberg, Heinrich Graf (1841–1929), Feldmarschalleutnant, Militärinspektor der k. k. Pferdezuchtanstalten 79

Larisch-Moennich, Georg Graf (1855–1928), Großgrundbesitzer 125

Larisch-Moennich, Heinrich Graf (1850–1918), Jagdgefährte der Kaiserin 173

Larisch-Moennich, Henriette Gräfin (1853–1916), Jagdgefährtin der Kaiserin 172 f.

Larisch-Moennich, Marie Gräfin, geb. Freiin Wallersee (1858–1940), Nichte der Kaiserin 125

Lasser, Joseph Freiherr von Zolheim (1815–1879), 1871–78 österreichischer Innenminister 109

Latour von Thurmburg, Joseph Graf (1820–1903), Erzieher des Kronprinzen 14, 22 f., 31, 40, 42, 45, 58, 65–67, 72, 77, 95, 97, 99, 102 f., 118, 124, 138, 142, 157

Law, Mr., Stallmeister (?) der Kaiserin 159

Leon, Sylvia Edle von (1847–1918) 60 f.

Leopold, Prinz von Bayern (1848–1930), bayerischer und preußischer Generalfeldmarschall, Gemahl Giselas 70 f., 75, 77, 80, 84, 86, 94, 97 f., 105, 110, 113, 119, 124, 167–169

Leopold, Erzherzog (1823–1898), General-Genie-Inspektor, 1866 Kommandant des 8. Armeekorps 144 f., 147

Leopold II., Großherzog von Toskana (1797–1870) 35
Liechtenstein, Friedrich Fürst (1807–1885), General der Kavallerie, 1866 Kommandant des 5. Armeekorps 144, 146 f.
Liechtenstein, Rudolf Fürst (1838–1908), Flügeladjutant des Kaisers 37–39, 46, 48
Lobkowitz, Rudolf Prinz (1840–1908), Artillerieoffizier 62, 75 f.
Lonyay, Melchior Graf (1822–1884), ungarischer Staatsmann (Finanzminister) 39 f., 58
Löhneysen, Hilbert Freiherr von (1834–1910), General 57, 81
Löschner, Josef Wilhelm Ritter von (1809–1888), Professor für Kinderheilkunde, Leibarzt Kaiser Ferdinands I. 27–29
Ludovika, Herzogin in Bayern (1808–1892), Mutter der Kaiserin 21, 139 f.
Ludwig I., König von Portugal (1838–1889) 113
Ludwig II., König von Bayern (1845–1886), Cousin Elisabeths 139 f.
Ludwig Salvator, Erzherzog (1847–1915) 82
Ludwig Viktor, Erzherzog (1842–1919), der jüngste Bruder Kaiser Franz Josephs 19–21, 23, 29, 43, 108, 114, 143, 165
Ludwig Wilhelm, Herzog in Bayern (1831–1920), der älteste Bruder der Kaiserin 51, 70 f., 159, 161
Lützow, Maria Gräfin (1847–1880), Gemahlin von Feldmarschalleutnant Wenzel Baron Kotz von Dobř 80
Maineri, Josef Freiherr von (1833–?), ab 1869 Dienstkämmerer bei Großherzog Ferdinand IV. von Toskana 109, 113
Mannhart, k. k. Jäger 91
Maria Alexandrowna, Zarin (1824–1880) 107
Maria Anna, Kaiserin (1803–1884), Gemahlin Kaiser Ferdinands I. 114 f.
Maria Anna, Königin von Sachsen (1805–1877), Zwillingsschwester der Erzherzogin Sophie 67, 145, 147
Maria Josepha von Braganza (1857–1943) 93, 95
Marie, Prinzessin in Bayern (1841–1925), Schwester der Kaiserin, verheiratet mit Franz II., König von Neapel-Sizilien 37–39, 41, 43, 58 f., 93, 96 f., 120, 152 f., 155 f., 162–164, 172
Marie Valerie, Erzherzogin (1868–1924), jüngere Schwester des Kronprinzen 10, 41 f., 45, 49 f., 53 f., 56, 58 f., 61, 63, 65 f., 68, 70–73, 80, 83, 85, 88, 90, 92–98, 100 f., 103 f., 106–108, 110–114, 116, 120, 122, 133, 158–163, 167–172
Mathilde (»Spatz«), Prinzessin in Bayern (1843–1925), Schwester der Kaiserin, verheiratet mit Graf Ludwig Trani 148 f., 152 f.
Mathilde, Erzherzogin (1849–1867), Tochter von Erzherzog Albrecht 151 f.

Max Emanuel (»Mapperl«), Herzog in Bayern (1849–1893), der jüngste Bruder der Kaiserin 113, 139 f.
Menger, Carl (1840–1921), Nationalökonom 87
Meyerbeer, Giacomo (1791–1864), Opernkomponist 30
Middleton, William George (Bay), Reitlehrer der Kaiserin 134, 171
Mittrowsky, Josef Graf (1802–1875), General 48, 50
Molostwoff, Flügeladjutant des Zaren 81
Mondel, Friedrich Freiherr von (1821–1886), Feldzeugmeister 84 f., 98, 106
Mühlbacher, k. k. Jäger 52 f.
Nassau-Usingen, Prinz Friedrich August 34 f.
Némethy von Némethfalva, August Graf (1834–1895), Flügeladjutant des Kaisers 106 f., 120
Nilsson, Kristina (1843–1921), bekannte schwedische Sängerin (Sopranistin) 116, 122 f.
Nischer, Leopoldine (1813–1883), Kammerfrau der Kaiserkinder, Vertraute der Kaiserin 21
Nopcsa von Felsöszilvás, Franz Baron (1815–1904), Obersthofmeister der Kaiserin 105, 112 f.
Offenbach, Jacques (1819–1880), Komponist 71
Paar, Eduard Graf (1837–1919), Generaladjutant des Kaisers 37–39, 148
Pálffy-Erdöd, Andreas Graf (1839–1902), Kammerherr im Hofstaat des Kronprinzen, später Erster Stallmeister des Kaisers 98 f., 138
Pálffy-Erdöd, Geraldine Gräfin (1836–1915) 86
Pennant, englische Adelsfamilie 172
Pettera, Hubert, kaiserlicher Jagdleiter 91 f.
Pretis-Cagnodo, Sisinio Freiherr von (1828–1890), 1872–1878 österreichisch-ungarischer Finanzminister 109
Pielsticker, Ludwig Ritter von (1824–1900), Brigadier 103 f.
Pokorny, Hermann (1839–1914), General der Kavallerie 37 f.
Raab, Johann (1807–1888), k. k. Hoftanzmeister 108 f., 169 f.
Rainer der Jüngere, Erzherzog (1827–1913), Förderer der Wissenschaften und der Künste 24, 118 f., 145
Reuss, Prinz Heinrich VII. (1825–1906), 1878–94 deutscher Botschafter in Wien 128
Sachsen-Weimar, Gustav Friedrich Prinz zu (1827–1892), 1866 Brigadier bei der 9. Truppen-Division 145, 147
Salis-Samaden, Carl Freiherr von (1836–1915), Flügeladjutant des Kaisers 94 f.
Schmerling, Anton Ritter von (1805–1893), Staatsminister 24, 76

Schrotzberg, Franz (1811–1889), Porträtmaler, malte Bildnisse der jungen Kaiserin und des jungen Franz Joseph 162

Schweinitz, Hans Lothar von (1822–1901), preußischer General, Botschafter des Deutschen Reiches in Wien 60 f.

Seefried, Gräfin Elisabeth (1874–1957), älteste Tochter Giselas 90, 97, 100

Simor, János (1813–1891), Erzbischof von Gran, Fürstprimas von Ungarn 43 f.

Skoda, Josef Dr. (1805–1881), Arzt, führte die Auskultation und Perkussion als ärztliche Untersuchungsmethode ein 135

Solms-Braunfels, Bernhard Prinz (1839–1867), 1866 Hauptmann im 12. Artillerie-Regiment 145, 147, 155

Sophie, Erzherzogin (1805–1872), Mutter Franz Josephs 7, 23, 67, 71, 131, 133, 135

Sophie, Erzherzogin (1855–1857), älteste Tochter des Kaiserpaares 44

Sophie von Sachsen (1845–1867), erste Gemahlin Carl Theodors, Herzog in Bayern 137 f.

Sophie, Prinzessin in Bayern (1847–1897), die jüngste Schwester der Kaiserin 137 f., 140, 163 f.

Surirey de St. Rémis, Alix, Erzieherin Giselas 69, 165

Szápáry, Julius Graf (1832–1906), ungarischer Staatsmann 109, 114 f., 120, 122

Széchényi, Bela Graf (1837–1918), Mitglied des ungarischen Reichstages, Asienreisender 48, 50

Szigligeti, Ede (1814–1878), ungarischer Dramatiker und Dramaturg, 1873–78 Direktor des ungarischen Nationaltheaters; schuf das ungarische Volksstück 32

Thun und Hohenstein, Anton Graf (1834–1888) 60 f.

Thurn und Taxis, Emerich Fürst (1820–1900), Oberstallmeister des Kaisers 110 f., 120

Thurn und Taxis, Maximilian Fürst (1831–1867), Gatte Helenes, der ältesten Schwester der Kaiserin 162

Trani, Ludwig Graf (1838–1886), verheiratet mit Mathilde, einer Schwester der Kaiserin 148, 152

Uexküll-Gyllenband, Alexander Graf (1836–1915), Kavallerieoffizier 54–56, 64

Victoria, Königin von England (1819–1901) 73, 171

Waldstein-Wartenberg, Josef Graf (1824–1903), Brigadier, Adjutant des Kaisers 37–39

Wallersee, Henriette Freiin von (1833–1891), Gattin Herzog Ludwigs in Bayern 161
Wallersee, Marie Louise Freiin von, siehe Larisch-Moennich, Marie Gräfin
Wallis, Franz Graf (1838–1895), Feldmarschalleutnant 79
Walterskirchen zu Wolfsthal, Max Freiherr von (1842–1924), Erzieher des Kronprinzen 52 f., 71
Welden, Charlotte Baronin (1812–1892), von 1855–1864 Aja der Kaiserkinder 7, 18, 69, 100, 131, 169 f.
Wenckheim, Bela Baron (1811–1879), ungarischer Staatsmann 39 f., 48, 54
Wersebe, Gustav Freiherr von (1834–1913), General der Kavallerie 98 f.
Widerhofer, Hermann Dr. (1832–1902), Leibarzt des Kaisers 68–70, 100, 114, 160, 168 f.
Wilczek, Hans Graf (1837–1922), Großgrundbesitzer, Förderer von Kunst und Wissenschaft 165
Wilhelm I. (1797–1888), preußischer König, ab 1871 deutscher Kaiser 9, 93, 96 f., 118 f.
Wilhelm II. (1859–1941), deutscher Kaiser 128
Wilhelm Franz Karl, Erzherzog (1827–1894), Inhaber der k. u. k. Infanterieregimenter Nr. 4 (»Deutschmeister«) und Nr. 12, regierender General des Hoch- und Deutschmeisterordens 70 f., 73
Wimpffen, Caroline Gräfin 26
Wimpffen, Franz Graf (1797–1870), Generalfeldzeugmeister, Zivil- und Militärgouverneur von Triest 27
Wrbna-Freudenthal, Rudolf Eugen Graf (1818–1883), Generaldirektor der kaiserlichen Familienfonds-Herrschaften 78 f.